"十四五"职业教育国家规划教材

新能源汽车概述

主　编　欧阳波仪　旷庆祥
副主编　陈彦纶　　刘　平

北京理工大学出版社
BEIJING INSTITUTE OF TECHNOLOGY PRESS

版权专有　侵权必究

图书在版编目（CIP）数据

新能源汽车概述 / 欧阳波仪，旷庆祥主编. —北京：北京理工大学出版社，2019.5（2024.1重印）
ISBN 978-7-5682-6625-3

Ⅰ. ①新… Ⅱ. ①欧… ②旷… Ⅲ. ①新能源–汽车 Ⅳ. ①U469.7

中国版本图书馆 CIP 数据核字（2019）第 008016 号

出版发行 / 北京理工大学出版社有限责任公司	
社　　址 / 北京市海淀区中关村南大街 5 号	
邮　　编 / 100081	
电　　话 / （010）68914775（总编室）	
（010）82562903（教材售后服务热线）	
（010）68944723（其他图书服务热线）	
网　　址 / http://www.bitpress.com.cn	
经　　销 / 全国各地新华书店	
印　　刷 / 唐山富达印务有限公司	
开　　本 / 787 毫米×1092 毫米　1/16	责任编辑 / 王晓莉
印　　张 / 14.25	文案编辑 / 王晓莉
字　　数 / 283 千字	责任校对 / 周瑞红
版　　次 / 2019 年 5 月第 1 版　2024 年 1 月第 9 次印刷	责任印制 / 李志强
定　　价 / 43.80 元	

图书出现印装质量问题，请拨打售后服务热线，本社负责调换

二维码内容资源获取说明

Step1：扫描下方二维码，下载安装"微知库"APP；

Step2：打开"微知库"APP，点击页面中的"新能源汽车"专业。

Step3：点击"课程中心"选择相应课程。

Step4：点击"报名"图标，随后图标会变成"学习"，点击学习即可使用"微知库"APP进行学习。

PS：下载"微知库"APP并注册登录后，直接使用APP中"扫一扫"功能，扫描本书中二维码，也可直接观看相关知识点视频。

安卓客户端

IOS 客户端

前　言

传统汽车保有量在不断地呈现上升趋势，石油等资源却捉襟见肘，吞下大量汽油的车辆还不断排放着有害气体和污染物质。我们始终坚持把经济社会发展绿色化、低碳化作为实现高质量发展的关键环节。党的二十大报告指出，加快推动产业结构、能源结构、交通运输结构等调整优化，推动形成绿色低碳的生产方式和生活方式。这种背景下，新能源汽车将扮演重要角色。为了满足新能源汽车技术职业教育与新能源汽车维修行业零距离对接的要求，编者从现代汽车发展的角度出发，综合分析当前能源危机、环保危机形势下现代汽车工业的转型升级，通过对混合动力汽车、纯电动汽车、燃料电池汽车、代用燃料汽车等典型车型进行剖析，说明了新能源汽车的结构特点、工作原理和关键技术。

本书在编写过程中充分考虑理实一体化教学的要求，采用由浅入深、由易到难的渐进方式编写，具有以下特点：

1. 本书采用任务驱动的形式编写，以"够用、适用、应用"作为原则，通过对学习目标、学习手册、教学视频、在线测验、拓展学习等进行逐一讲述的形式，构建了知识和技能模块。

2. 本书反映了新能源汽车的新知识、新技术、新工艺和新标准，注重与职业技术岗位标准的紧密结合，符合国家及行业相关技术标准以及技能鉴定的要求。

3. 本书文字简洁、通俗易懂、图文并茂、形式生动，容易培养学生的学习兴趣，也有利于学生学习效果的提升。

《新能源汽车概述》由欧阳波仪、旷庆祥担任主编，陈彦纶、刘平担任副主编。此外，本书在编写过程中参考了大量的技术文献资料，得到了部分汽车维修企业及相关人士的大力支持，在此表示衷心的感谢！

由于本书涉及内容较新，且编者水平有限，书中难免存在不妥与疏漏之处，诚望专家和读者批评指正。

编　者

目　　录

项目一　新能源汽车认知 ………………………………………………………… 001
- 任务 1–1　初识新能源汽车 ……………………………………………………… 002
- 任务 1–2　新能源汽车与燃油汽车对比 ………………………………………… 018

项目二　混合动力汽车 …………………………………………………………… 029
- 任务 2–1　分析混合动力汽车的构成与分类 …………………………………… 030
- 任务 2–2　分析混合动力系统的结构及工作原理 ……………………………… 042
- 任务 2–3　混合动力汽车实训（比亚迪秦）……………………………………… 056

项目三　纯电动汽车 ……………………………………………………………… 069
- 任务 3–1　初识纯电动汽车 ……………………………………………………… 070
- 任务 3–2　分析纯电动汽车电池 ………………………………………………… 080
- 任务 3–3　分析纯电动汽车电机 ………………………………………………… 098
- 任务 3–4　纯电动汽车实训（北汽 EV200/特斯拉 Model S）………………… 127

项目四　燃料电池电动汽车 ……………………………………………………… 133
- 任务 4–1　分析燃料电池电动汽车的结构 ……………………………………… 134
- 任务 4–2　分析燃料电池电动汽车的核心部件 ………………………………… 152

项目五　代用燃料汽车、其他清洁能源汽车 …………………………………… 165
- 任务 5–1　分析气体燃料汽车与液体燃料汽车 ………………………………… 166
- 任务 5–2　分析太阳能汽车 ……………………………………………………… 204

项目一

新能源汽车认知

近年来，随着环境压力不断增大以及石油资源的日益匮乏，发展新能源汽车已经成为国家战略发展的重要方向。《中国新能源汽车行业市场前瞻与投资战略规划分析报告》分析认为，与其他国家相比，我国具备发展新能源汽车的优势。我国人口众多、资源丰富，经济发展较快，而汽车拥有量却相对较少，新能源汽车的潜在市场空间巨大，同时拥有良好的国际国内环境，技术上已经具备比较好的基础，前期小规模示范与国外发展经验可以为我国新能源汽车的发展提供有益的借鉴。

本项目主要是初步了解新能源汽车，包括"初识新能源汽车"和"新能源汽车与燃油汽车对比"两个任务，通过学习和训练，将了解新能源汽车技术发展的背景和现状、新能源汽车的定义和分类、纯电动汽车的结构特点、混合动力汽车的结构特点、氢能源电池汽车的结构特点等。同时，需要查阅大量资料，掌握调研的一些方法，具备制作PPT或报表的技能。

任务 1-1　初识新能源汽车

任务引入

汽车是现代工业文明的象征之一，也是推动一国或地区经济发展的重要引擎。随着环境保护、低碳经济、降低能耗的理念为人们所重视，汽车工业因其尾气排放污染环境、高能耗等一系列负效应，面临日益严峻的挑战。相对传统的燃油汽车，新能源汽车能够有效降低汽车排放的废气量、有效解决交通能源重消耗的问题，发展新能源汽车已经变得势在必行。那么，到底什么是新能源汽车、其发展史是什么样的、发展背景和前景怎么样等一系列问题是我们首先要了解的。因此，本任务就是初步认识新能源汽车。

任务描述

随着近年来各国对能源危机、环境污染等的关注不断加深，新能源汽车因其清洁、高效、低碳化等特性受到前所未有的关注。通过本任务的学习，将初步认识新能源汽车。为了加强认识，请你选择自己所在地的一家整车制造企业，就这个企业目前新能源汽车开发现状以及未来的战略，做一个 PPT 汇报稿，将其上传到学习平台，并在学习小组或班上进行简短汇报。

学习目标

● 专业能力
1. 能够清晰地描述新能源汽车的定义和分类。
2. 能够了解并接受国家能源安全和节能环保战略。
3. 能够较好地了解世界各国新能源发展的情况。
4. 能够较熟练地说出新能源汽车发展的前景和趋势。
● 社会能力
1. 树立能源安全和节能环保意识。

2. 强化汇报沟通的能力。

3. 加强小组协同学习的能力。

● 方法能力

1. 通过查询资料完成学习任务，提高资源搜集的能力。

2. 通过制作 PPT 汇报稿，提升制作 PPT 简报的能力。

3. 通过完成学习任务，提高解决实际问题的能力。

一、新能源汽车的定义与分类

新能源又称非常规能源，是指传统能源之外的各种能源形式，如太阳能、地热能、风能、海洋能、生物质能和核聚变能等。

新能源汽车，是指采用新能源作为动力来源，综合车辆的动力控制和驱动方面的先进技术，形成的技术原理先进，具有新技术、新结构的汽车。

什么是新能源汽车？

新能源汽车包括混合动力汽车、纯电动汽车、燃料电池电动汽车、氢发动机汽车等。新能源汽车技术总览如表 1-1-1 所示。

表 1-1-1 新能源汽车技术总览

新能源汽车类型	技术	能量/燃料来源
电动汽车	混合动力汽车（HEV）	石油/电力
	纯电动汽车（BEV）	电力
	燃料电池电动汽车（FCEV）	氢/电力
氢能汽车	氢发动机汽车	氢
煤制醇醚燃料汽车	煤制二甲醚	煤炭
	煤制甲醇	煤炭
生物燃料汽车	生物乙醇	粮食/非粮食农作物
	生物柴油	动植物油脂
燃气汽车	石油液化气（LPG）	石油
	液化天然气（LNG）	天然气
	压缩天然气（CNG）	天然气
新型燃油汽车	清洁柴油	石油
	新配方汽油（RFG）	石油
其他类型	太阳能汽车	太阳能

来源：《新能源汽车整车设计——典型车型与结构》（上海科学出版社）

二、新能源汽车的发展背景

据预测，目前全球已探明石油储量可开采不到 40 年，天然气已探明储量可开采约 60 年，已探明可开采煤炭可开采约 150 年，世界能源危机日益突出。同时，自 20 世纪 80 年代开始，随着经济的发展，具有全球性影响的环境问题日益突出。

为什么要发展新能源汽车？

当前，汽车工业面临着严峻的挑战。一方面，汽车是油耗大户，且目前内燃机的热效率较低，燃料燃烧产生的热能只有 35%～40%用于实际汽车行驶，节节攀升的汽车保有量加剧了这一矛盾；另一方面，汽车的大量使用加剧了环境污染，城市大气中 CO 的 82%、NO_2 的 48%、HC 的 58%和微粒的 8%来自汽车尾气，此外，汽车排放的大量 CO_2 加剧了温室效应。汽车噪声也是环境噪声污染的主要内容之一。

因此，从节能与环保角度考虑，近年来世界各国纷纷开始重视发展新能源汽车。就我国而言，重视发展新能源汽车主要是因为能源安全战略和节能环保战略两个方面的因素。

（一）基于国家能源安全战略

我国是一个能源生产大国，拥有丰富的能源资源，如图 1-1-1 所示，我国石油探明储量较多，约占全世界的 13%，位居世界第三位。但是，在经济高速增长的条件下，我国能源的消耗速度非常快，2009 年对外依存度首次突破 50%，2015 年首次突破 60%（达到 60.6%）。不难看出，我国的能源供应量与日益增加的能源消耗量之间的矛盾变得愈加突出。

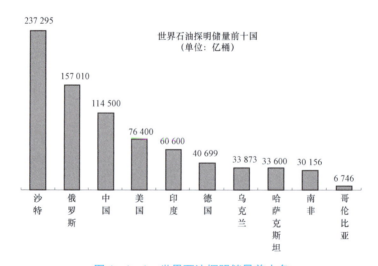

图 1-1-1 世界石油探明储量前十名

另外，我国石油进口的主要通道有东北通道、西北通道、西南通道以及海上通道。这些石油的外部进口通道均存在较大的政治军事风险以及各种不确定因素。比如海上通道，我国远洋石油进口量的 4/5 依赖马六甲海峡运输，而我国在这一海域并没有实际控制权，一旦遇到突发事件，海上通道将会遭遇致命的安全隐患。

因此，出于破解未来石油危机的考虑，我国政府大力发展新能源汽车具有十分重要的战略价值和意义。

（二）基于国家节能环保战略

节能环保一直是世界各国人民致力追求的目标。1997 年在日本京都通过了国际性公约《京都议定书》，世界各国约定将大气中的温室气体含量稳定在一个适当的水平，进而防止剧烈的气候改变对人类造成伤害。2009 年 12 月召开了哥本哈根世界气候大会，会议上各国承诺了 2020 年单位 GDP 碳排放比 2005 年下降的程度，我国承诺下降 40%～45%，美国承诺减少 17%，日本承诺减排 25%，可以看出，相比于其他国家，我国面临着极为严峻的减排压力。

正是由于人们越来越高的环保意识和对温室效应的日益关注，具有显著节能与环保特性的新技术才越来越具有意义。人们利用新能源汽车技术可以减缓对石油的消耗，有效地减少碳排放量，进而对全球温室效应起到一定的抑制作用。

三、新能源汽车发展史

20 世纪末以来，世界各国和各大汽车公司以及国内各大科研机构和高等院校纷纷致力于开发清洁节能汽车，新能源汽车获得了长足发展。不过，新能源汽车并非新鲜事物，它已经存在 120 多年，并且曾一度还是最流行的汽车类型。

（一）纯电动汽车发展史

1834 年，电动机问世不久，美国人托马斯·达尔波特制造了一辆由不可充电的干电池驱动的电动三轮车（见图 1-1-2），虽然只能行驶一小段距离，但他因此获得了美国电机行业的第一个专利。1839 年，苏格兰人罗伯特·安德森发明了电驱动的马车，这是一辆使用不能充电的初级电池驱动的车辆。

新能源汽车"新"吗？

1840 年之后，很多科学家投身于电动汽车的研发中。直至 1886 年，卡尔·本茨和戈特利布·戴姆勒发明了第一辆汽油机汽车，电动汽车与燃油汽车的竞争拉开了序幕。

伟大的发明家爱迪生一直是电动车的坚定支持者，他曾在《纽约时报》上评论电动车经济且不排放废气，是理想的交通工具。正是基于这样的认识，1895 年爱迪生造出了他的第一辆电动汽车（见图 1-1-3）。

图 1-1-2　达尔波特的电动三轮车　　　图 1-1-3　爱迪生和他的第一辆电动汽车

1899 年，比利时人卡米乐·热纳茨驾驶着一辆炮弹外形电动车（见图 1-1-4）以 105.88 km/h 的速度刷新了由汽油动力发动机保持的世界汽车最高速度纪录，这是汽车速度第一次突破 100 km/h 大关，这个电动车速度纪录一直到 20 世纪才被打破。

从 20 世纪 20 年代开始，石油开采技术和内燃机技术飞速进步，燃油汽车的速度得到大幅提高，加一次油可持续巡航里程是电动车的 3 倍左右，且使用成本低。相比之下，电动车的发展进入瓶颈时期，在降低制造成本和改善使用便利性方面没有明显的进步。这种背景下，电动车很快失去了存在的意义，1940 年左右电动车基本从欧美汽车市场中消失，直到 1990 年洛杉矶车展上，通用汽车推出 Impact 纯电动轿车，随后推出了 EV1 车型（见图 1-1-5）。

图 1-1-4　炮弹外形电动车　　　图 1-1-5　通用 EV1 纯电动轿车

之后，各汽车厂商开始投身电动汽车的研制与推广，2008 年北京奥运会期间，我国京华客车厂生产的纯电动公交车采用充换电站模式，进行了一定规模的实际运行。

（二）混合动力汽车发展史

20 世纪初，是汽车工业形成规模的年代，为了更加节能，人们开始尝试打造混合动力汽车，而早在 1916 年世界上第一款油电混合动力汽车就问世了。通用汽车一直着力混合动力汽车的研发，并于 1968 年将斯特林发动机与 14 个 12 V 的电池组合在一起，成为新的动力系统，推出了一款油电混合动力汽车。斯特林发动机能不断地为电池充电，因此电力不会耗尽,美中不足的是这个混合动力汽车的起动和关闭都需要耗时20 s以上。

1991年,奥迪推出"双动力"混合动力汽车,后轮采用电力驱动,前轮采用汽油驱动。

1997年,丰田发布了世界上第一款量产混合动力车Prius,并于2000年开始普及推广。随后又在2003年和2009年相继推出第二代和第三代Prius,而第三代Prius凭借其性能大幅提升的特点,迅速受到消费者的青睐,连续多月蝉联日本单一车型销量冠军。

(三)燃料电池汽车发展现状

20世纪60—70年代,美国首先将燃料电池用于航天飞机。此后,开始将燃料电池用于汽车的动力源,各大汽车公司加入了美国政府支持的国际燃料电池联盟,生产燃料电池汽车。通用汽车公司推出了以质子交换膜燃料电池(Proton Exchange Membrane Fuel Cell,PEMFC)和蓄电池并用提供动力的汽车。

德国奔驰公司和西门子公司合作,于1996年推出装有PEMFC的第二代新型电动车NECARII。2011年1月,奔驰公司研发的3辆燃料电池原型车,横跨4大洲、14个国家,完成绕地球行驶1周的创举。此外,奔驰在德国还有36辆氢燃料电池大巴,已收集到200万km的运行数据,目前的氢燃料电池大巴比早期的燃料消耗降低50%,性能得到显著提高。

日本丰田公司已开发出能量转换效率达到传统汽油机2.5倍的燃料电池,且能和现用的汽(柴)油汽车一样方便地添加燃料。日本还在1981年开发了熔融碳酸盐燃料电池,随后又研制了磷酸燃料电池,1992年又开发了比功率高、工作温度低、结构紧凑和安全可靠的质子交换膜燃料电池。

韩国现代已经推出第三代燃料电池电动车ix35(见图1-1-6),完全由氢燃料电池驱动。

我国在研制燃料电池汽车方面也取得了很好的成绩,"上海牌""帕萨特""奔腾""志翔"等燃料电池汽车经受住了大规模、高温、大强度示范考核,成功服务于2008年北京奥运会和2010年上海世博会。

图1-1-6 韩国第三代燃料电池电动车ix35

(四)氢发动机汽车发展史

氢发动机研究较为领先的是宝马汽车公司和马自达汽车公司。早在20世纪70年代,宝马就开始了氢燃料的研究,2001年推出了第六代氢动力车745 hL(见图1-1-7),采用了4.4 L的V8发动机,可使用汽油和氢气两种燃料。使用氢气时,745 hL的最大功率为135 kW,最高车速为215 km/h,140 L的储氢罐可以提供300 km的续驶能力。汽油箱为70 L,可提供额外的650 km巡航距离。马自达汽车公司的研发特点在于将氢气用于自身的转子发动机上面,早在1991年的东京车展上,马自达就推出了第一款氢转子发动机概念车HR-X(见图1-1-8)。

图 1-1-7　宝马推出的第六代氢动力车 745 hL　　图 1-1-8　马自达氢转子发动机概念车 HR-X

四、新能源汽车的发展前景

据有关报道，2016 年 9 月巴黎车展展出了有史以来最多的新能源汽车，成为新能源汽车展现自我的舞台，各款新奇的新能源汽车让观众眼前一亮，昭示着车企未来一段时间的造车理念。这一现象得益于各国政府对新能源汽车开发和消费的重视，大量的政策和措施有力地推动了新能源汽车的发展。

（一）国外新能源汽车的发展前景

1. 欧洲新能源汽车的发展前景

欧洲历来重视节能和减排，欧盟委员会于 2007 年公布了"新欧洲能源政策"，其目标是 2020 年将温室效应气体排放量降低 20%，将可再生能源的比例提高到 20%，同时将今后 7 年欧盟能源领域的研究开发预算提高 50%。另外，凭借欧洲汽车厂商在柴油发动机上强大的技术优势，欧洲在清洁柴油乘用车方面发展最为迅速，目前柴油车在乘用车总销量中的比例已超过 50%。除欧盟委员会外，欧洲各国政府也根据本国情况制定了表 1-1-2 所示推动新能源汽车开发和消费的政策和措施。

新能源汽车的发展前景在哪里？

表 1-1-2　欧洲国家新能源汽车政策

国家	新能源汽车政策
英国	政府向"低碳汽车项目"投资 3 亿英镑以支持新能源汽车的发展；2007 年修改汽车保有税税制，按单位距离 CO_2 排放量进行有区别的征收，低公害车辆优惠税率为零，高公害车辆可达 30%
法国	早在 1995 年政府就制定了支持电动汽车发展的优惠政策，对每辆电动汽车提供最高 1.5 万法郎的补贴；2008 年 10 月总统萨科齐宣布政府将投入 4 亿欧元，用于研发和制造清洁能源汽车
德国	德国在税收法中对汽车替代燃料实施了一些优惠政策，2010 年，每年的税收补助达到 30 亿欧元，到 2020 年将达到 50 亿欧元

续表

国家	新能源汽车政策
瑞典	瑞典政府将向购买清洁汽车的消费者提供 1 万瑞典克朗的折扣，政府分派在 2007 年 5 000 万瑞典克朗折扣，2008 年 1 亿瑞典克朗折扣，2009 年 1 亿瑞典克朗折扣
荷兰	在商用车领域，为了激励用户购买达到欧 V 标准或者更加严格的增强型环境友好汽车标准（EEV）的汽车，政府计划投入 700 万～4 400 万欧元的补贴

2. 美国新能源汽车的发展前景

美国在 2007 公布的可再生燃料标准要求，美国汽车能耗的 4% 必须是可再生燃料，总量大约为 47 亿加仑[①]，这一标准值将逐年上升，至 2022 年将达到 360 亿加仑。同时，美国规定消费者购买符合条件的混合动力车，可以享受到 250～2 600 美元不等的税款抵免优惠，鼓励混合动力汽车的使用。

3. 日本新能源汽车的发展前景

日本地域狭小，资源贫乏，因此异常重视新能源汽车的开发。2006 年 5 月日本政府制定了"新国家能源战略"，战略提出到 2030 年将目前接近 50% 的石油依赖度进一步降低到 40%。

日本混合动力车已形成产业化，丰田、本田、日产等日本厂商的混合动力汽车不仅在国内热销，在国际市场上也占有一席之地。另外，2013 年，日本政府提出"日本重振战略"和"2014 年汽车产业战略"，确立了日本新能源汽车的"销售目标"。2020 年混合动力汽车销量占比达 20%～30%，电动汽车和插电式混合动力汽车共占 15%～20%，燃料电池汽车接近 1%；2030 年混合动力汽车占 30%～40%，电动汽车和插电式混合动力汽车共占 20%～30%，燃料电池汽车接近 3%。

（二）国内新能源汽车的发展前景

在能源和环保的压力下，新能源汽车无疑将成为未来汽车的发展方向。我国新能源汽车如果得到快速发展，以 2020 年保有量 1.4 亿辆计算，可以节约石油 3 229 万 t，替代石油 3 110 万 t，节约和替代石油共 6 339 万 t，相当于将汽车用油需求削减 22.7%。

为此，我国大力发展以纯电动汽车、插电式混合动力汽车、燃料电池汽车等为代表的新能源汽车，并以此作为实现汽车产业由大变强的重要途径。国务院印发的《"十二五"国家战略性新兴产业发展规划》中将新能源汽车列入七大战略新兴产业之一，在《节能与新能源汽车产业发展规划（2012—2020 年）》中为新能源汽车产业发展指明了方向。2015 年 5 月 19 日国务院印发《中国制造 2025》，其总体布局也明确了未来汽车产业将围绕低碳化、信息化、智能化目标，以节能汽车、新能源汽车、智能网联汽车作为三大方向实现可持续发展。

---

① 1 加仑（Ukgal）= 4.546 09 升（L）。

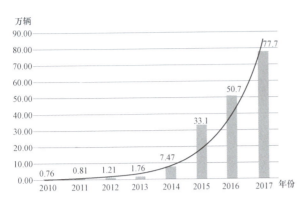

图 1-1-9 中国新能源汽车销量

从"十一五"开始,我国政府就强力扶植引导企业进行新能源汽车研发。"十二五"期间,在政府各项政策支持下,以"三纵三横"为主线,我国新能源汽车产销取得重大进展。如图 1-1-9 所示,据中国汽车工业协会数据统计,2015 年新能源汽车销售 33.1 万辆,同比增长了 3.4 倍,产销量大幅增长跃居全球第一。2016 年新能源汽车销售 50.7 万辆,同比增长 53%。2017 年新能源汽车全年累计总销量 77.7 万辆,同比增长 53%。业内普遍认为在 2020 年之前新能源汽车销量同比保持在 40%以上是大概率事件,2020 年我国新能源汽车销量将超过 200 万辆,行业空间值得期待。新能源汽车的增长速度表明,越来越多的消费者愿意尝试新能源汽车,加上国家大力扶持新能源技术的开发,越来越多的厂商也开始制造出各种类型的新能源车,可以说新能源汽车在我国的发展前景非常好。

五、我国新能源汽车技术的发展趋势

我国新能源汽车产业虽然取得了较大发展,但是起步晚,技术优势不明显。在国家政策的鼓励和市场预期的推动下,我国新能源汽车将向类型多样化、能源地域化、驱动电气化、技术平台化与系统化发展。

新能源汽车的发展趋势怎么样?

(一)类型多样化与能源地域化

1. 类型多样化

我国的现有能源情况大体可以分为气体燃料、液体燃料和电能等。其中,气体燃料包括压缩天然气、液化天然气和液化石油气等,液体燃料主要包括石油、生物柴油、甲醇、乙醇、二甲醚等,电能为二次能源。正是由于以上各种类型的燃料具备各自不同的特点,才会使目前新能源汽车发展具有多样化。需要指出,气体燃料和液体燃料的燃烧效率较低,且具有地域分布的差异性;而电能具备来源的多样性,比如说太阳能、风能、水电、火电、核电以及潮汐能、地热等资源。其中,电能的获取更为方便,在大多数时间和场合均可以得到。

2. 能源地域化

发展新能源汽车,不同地区所具有的条件不同,要因地制宜,合理引导。我国各个地区原油、焦炭、天然气以及甲醇生产量存在较大差异,不同区域具有各自不同的资源优势。因此,各地区可以优先考虑依靠现有资源或现有资源的次生品来发展相应的新能源汽车。例如,山东、内蒙古、河南、山西、陕西、重庆等地可以凭借甲醇资源优势,大力发展基于甲醇的新能源汽车。这种做法,一方面占有地域资源优势;另一方面,通过大力使用和推广,产生数量积累效应,反过来可以有效降低使用者的成本。

(二)驱动电气化

传统车辆的动力来源主要为发动机,通过控制燃料的喷射量以及燃烧过程来达到控制发动机的转速输出。近年来,随着新能源汽车的发展,逐步出现电机参与发动机的转速调节,例如本田的 IMA 系统即在发动机端耦合一个电动机,进而能够保证发动机的转速输出更为理想。伴随着新能源汽车进一步发展,汽车动力系统的电气化趋势会越来越明显。未来动力的输出有可能为驱动电机取代发动机,作为单一部件来为整车提供动力支持。

驱动的电气化可以从两个方面进行理解,一是驱动能源体的电气化,如采用高能量密度的电池、高功率密度的超级电容或者高续航里程的燃料电池作为动力的能源供应;二是驱动执行部件的电气化,例如当前新能源汽车中广泛采用的驱动电机等。

(三)技术平台化与系统化

1. 动力系统的全新集成设计要求

动力系统的集成设计,不是简单地将各个部件进行一个叠加组合,而是需要全新的系统耦合创新设计理念以及包括诸多复杂问题在内的集成问题分析、控制系统设计等。例如,丰田 THS-Ⅱ 系统是电机与变速器耦合,本田 IMA 系统是发动机与电机耦合。

2. 底盘平台化

在新能源汽车的新型底盘设计过程中,需要综合考虑新增部件,比如电池模组、驱动电机等的整车布置以及对整车的制动性能、操纵稳定性等所造成的影响。对于燃料电池汽车的设计,需要综合考虑燃料电池反应堆的散热性能、运行安全性能以及机械系统的结构、载荷分布稳定性等因素指标。例如,图 1-1-10 所示的通用 Volt 电动汽车底盘的设计应非常注重模块化,使其可以较为容易地安装、调试以及进行后续的监测、维护等,并且具有良好的可拓展性,以便应用于多个车型。

图 1-1-10 通用 Volt 电动汽车底盘总布置

3. 储能系统平台化

为适应新能源汽车在实际运行中苛刻的环境条件,动力电池包也需要进行全新的适应整车的设计。要综合考虑电池包机械结构设计,以最大限度地保护乘客和电池的安全;同时需要安装通风散热装置,以维持电池包工作在一个相对稳定的温度和湿度环境,从而使电池的工作性能和寿命状态有一个较大的提高和改善。电池管理系统也是一种为保持电池组工作可靠安全,尽量提高各个单体的状态一致性,提前预报电池状态,并进行故障诊断和维护的综合性系统。图 1-1-11 所示为日产 leaf 动力电池系统,其从热—液—机—电—化等多个领域、多耦合场进行综合分析设计,所开发的模块具备可拓展性,容易在多个车型中进行推广使用。

(四)能源结构去碳加氢转变

图 1-1-11 日产 leaf 动力电池系统

从保护环境和减少温室气体排放的角度,需要所用车用燃料的燃烧产物含有尽可能少的 CO_2。这就要求燃料本身内部含有的碳氢比越小越好。例如,90 号汽油的碳氢比约为 6.08:1,乙醇与二甲醚碳氢比为 4:1,甲醇碳氢比为 3:1。可以看出,甲醇、乙醇和二甲醚等燃料的碳氢比要比汽油低,柴油的碳氢比也比汽油低,因此为了减少温室气体的排放,需要尽可能使用含碳量较低而含氢量较高的燃料,也就是能源结构的去碳加氢化。

扫描下方"测验二维码"进入资源库平台的在线测验页面。

在线测验

小组成员共同完成该任务,并按任务要求上传至资源库平台(或空间)。

成果提交

拓展提升

一、拓展任务

2016年巴黎国际汽车展于9月29日—10月16日在巴黎凡尔赛门国际展览中心举行。作为全球几大国际车展之一，本届巴黎车展非常独特地汇集汽车出演的电影、视频游戏，还有50多辆标志性车的历史故事等，打破了2014巴黎车展90万人次的观展纪录。

巴黎车展那些新能源汽车

其中，新能源车作为趋势所向是关注亮点，这里整理了本次车展中10款新能源车型，以期透视国际各大厂商的技术发展程度与走向。

（一）大众 I.D.

2016年巴黎车展期间，大众首度发布了旗下的 I.D.概念车，虽然该车外观谈不上惊艳（见图1-1-12），然而大众厂方却将其视为里程碑式的车型。"今天的大众汽车将转变为全新的大众汽车。我们的车型将实现电气化、自动化、全面互联化，并带来独特、直观的用户体验。"大众汽车品牌中国 CEO 冯思翰博士表示，"I.D.代表了未来的大众汽车，同时将成为全新产品序列的重要车型"。

（二）保时捷 Panamera 4 E-Hybrid

全新保时捷 Panamera 4 E-Hybrid 插电式混动版是基于普通标准轴距版车型的升级（见图1-1-13）。动力上搭载了一套由 2.9 T 双涡轮增压发动机和电动机组成的混合动力，并与 8 速 PDK 变速器匹配。其中发动机能提供 242 kW 的最大动力输出，以及 450 N·m 的最大扭矩；而辅助的电动机则能分别提供最大 100 kW 的功率和 400 N·m 的扭矩。该车的百公里加速仅需 4.6 s，NEDC 标准下的综合油耗为 2.5 L，最高行驶速度为 278 km/h，在纯电动模式下则能实现 50 km 的最大续航里程。

图 1-1-12 大众纯电动 I.D.概念车

图 1-1-13 保时捷 Panamera 4 E-Hybrid

（三）奔驰 Generation EQ

2016 年巴黎车展上，奔驰发布了旗下全新纯电动 SUV 概念车，该车被正式命名为"Generation EQ"（见图 1-1-14）。该车的续航里程可达 499 km，百公里加速时间不超过 5 s，其很多性能参数直追特斯拉的 Model X，量产版车型有望于 2020 年正式上市，未来将与特斯拉的 SUV 车型形成两强对立的局面。

奔驰 Generation EQ 采用了奔驰 GLC 的车身进行打造，拥有如 GLC 一样圆润而饱满的车身。不过相比于 GLC，作为一款纯电动的概念车，Generation EQ 看上去会更加富有科技感，整车姿态更加轻盈。为了进一步降低车辆的风阻系数，Generation EQ 概念车还取消了刮水器以及传统的外后视镜。

（四）梅赛德斯-迈巴赫 6

梅赛德斯-迈巴赫 6 是一款极致奢华的奔驰电动概念跑车（见图 1-1-15），采用修长的后车身线条设计，全车身长 6 m，夸张的车身配合上硕大的鸥翼门，彰显了独特的设计风格。在前格栅上沿的正中央出现了象征身份的"MAYBACH"字样，以及梅赛德斯-奔驰的立标三叉星标志，在复古的格调下，散发着现代气息。

动力方面，梅赛德斯-迈巴赫 6 概念车装配了 4 部永磁式同步电动机，最大功率 750 ps[①]，百公里加速时间仅为 4 s。此外新车还具有先进的快速充电功能，充电 5 min 可行驶 100 km。

图 1-1-14　奔驰 Generation EQ

图 1-1-15　梅赛德斯-迈巴赫 6

（五）smart fortwo/forfour EV 版

在 2016 年巴黎车展上，smart 推出了三款纯电动汽车，分别是 smart fortwo 电动版（见图 1-1-16）、smart fortwo 敞篷电动版，以及 smart forfour 电动版。作为系列的衍生车型，smart fortwo/forfour 电动版的设计与以燃油为动力的 smart 基本一致。车身延续了 smart 惯用的双色设计，其中亮眼的绿色显然是代表了环保无污染的新能源，充电接口被设计在后翼子板部位，并在前进气格栅上贴有 electric drive 标识。

动力方面，smart fortwo/forfour EV 版搭载相同的电池与电动机，其中电动机的最大功

---

① 1 ps = 735.499 W。

率为 82 ps，峰值扭矩为 160 N·m，续航里程可达 160 km。使用标准充电器仅需 2.5 h 就能将 0 电量的电池充至 50%。同时 smart 还提供了一套快速充电装置，使得充电时长减少 40%。

（六）雪铁龙 Cxperience

雪铁龙 Cxperience 采用了两厢设计，对开门的造型使该车没有 B 柱（见图 1-1-17）。大灯设计在常规车型的雾灯位置，为三组 LED 大灯组；而原本应该是大灯的地方被两条日间行车灯替代，显得非常前卫。

动力部分，雪铁龙 Cxperience 采用了插电式混合动力系统。由一台 112 kW 左右的汽油机和一台 80 kW·h 的电动机组成，综合功率最高能达到 224 kW。电池在快充模式下，2.5 h 内即可充满，使用纯电模式最远可行驶 60 km。传动系统方面，该车将会搭载 8 速自动变速箱。

图 1-1-16　smart fortwo 电动版

图 1-1-17　雪铁龙 Cxperience

（七）欧宝 Ampera-e

2016 年巴黎车展上，欧宝推出了全新的电动车 Ampera-e（见图 1-1-18），这款外观时尚的小车其实与雪佛兰 Bolt 是一款姐妹车型，欧宝 Ampera-e 电动车在高速路上行驶时，50 km 加速耗时 3.2 s，从时速 80 km 到时速 120 km 则需要 4.5 s，其加速度可以和欧宝高性能车型相提并论，最高时速可达 150 km/h。电动机最大输出功率为 201 ps，0~96 km/h 加速时间不到 7 s，峰值扭矩为 360 N·m。车载电池安装在乘客舱底部，满电时可行驶 380 km 左右。充满电需要 9 h，快速充电器则 30 min 可充 90% 电量。

（八）丰田 C-HR 混动版

丰田 C-HR 混动版采用了与新款 Prius 相同的 TNGA 平台，两者的外观设计也有几分相似（见图 1-1-19）。搭载一台 1.8 L 阿特金森循环四缸发动机、两

图 1-1-18　欧宝 Ampera-e

台电动机，匹配电控式 CVT 无级变速箱，最大综合输出功率为 91 kW，燃烧效率达到 40%，CO_2 排量低于 90 g/km，而电控式 CVT 无级变速箱也可进一步提升新车的动力表现及燃油经济性。

（九）雷诺 TREZOR

雷诺在 2016 年巴黎车展中发布了代表其品牌最新设计方向的全新概念车 TREZOR（见图 1-1-20），它搭载了高性能纯电动系统，并具备无人驾驶技术。外观方面，TREZOR 概念车造型设计前卫，进气格栅进一步缩小，整体风格突出的是车型 LOGO 和两侧双 U 的设计。新车尾部的造型十分饱满。另外，此款车型车门开启的方式是从汽车顶部开始，十分特别。

动力方面，搭载了来自 LG 的全新锂电池组，并将拥有最高 402 km 的续航里程。此外，该车将由一台经过强化的电动机驱动，可以使新车在 4 s 内从静止加速到 100 km/h。

图 1-1-19　丰田 C-HR 混动版

图 1-1-20　雷诺 TREZOR

（十）法拉利 LaFerrari

法拉利 LaFerrari 在外观方面延续了法拉利硬顶敞篷车型的设计理念（见图 1-1-21），线条非常流畅。同时，还可选装碳纤维的硬顶和软顶，由于新车采用了敞篷结构，为了维持其原有的刚性，法拉利还针对该车的底盘等部分进行了升级。

动力方面，LaFerrari 搭载了一套混合动力系统，这套系统由一台 6.3 L V12 发动机与电动机组成，其中发动机的最大输出功率为

图 1-1-21　法拉利 LaFerrari

588 kW，电动机的最大输出功率为 120 kW。此外，该车百公里加速时间仅为 2.9 s，最高时速达到 348 km/h。

请从以上 10 款新能源汽车中选择某一款，深入了解该品牌在新能源汽车技术发展方面的成就和进展，并提交分析报告。

二、拓展训练

1. 我国为什么要发展新能源汽车？
2. 新能源汽车技术的发展趋势是什么？
3. 我国新能源汽车发展的技术路线是什么？

任务 1-2　新能源汽车与燃油汽车对比

 任务引入

买车对于老百姓来说是大事,通常会在车型选择、品牌选择、价位选择等方面难以抉择。新能源汽车慢慢发展起来之后,买车抉择难度又增加了——买新能源汽车还是买燃油汽车?本任务就是把新能源汽车和燃油汽车比一比。

 任务描述

近年来,从国家到地方,随着各级政府一系列新能源汽车扶持政策的出台,在汽车界,"新能源"三个字已成为年度关键词。节能环保、经济实惠——这是社会对新能源汽车的普遍认知,请你从专业的角度任选一类新能源汽车(如纯电动汽车、混合动力汽车、氢能汽车、太阳能汽车等),将其与传统燃油汽车从结构、原理、特点等多方面进行比较分析,形成一个分析报告(或制作分析报表),截图后上传到学习平台,并在学习小组或班上进行简短汇报。

 学习目标

- 专业能力
1. 能够掌握传统燃油汽车的结构特点。
2. 能够掌握纯电动汽车的结构特点。
3. 能够掌握混合动力汽车的结构特点。
4. 能够掌握氢燃料电池汽车的结构特点。
- 社会能力
1. 树立能源安全和节能环保意识。
2. 具有较强的分析问题并撰写分析报告(报表)的能力。
3. 强化汇报沟通的能力。

4. 加强小组协同学习的能力。
- **方法能力**
1. 通过查询资料完成学习任务，提高资源搜集的能力。
2. 通过制作报表，提升分析报表制作的能力。
3. 通过完成学习任务，提高解决实际问题的能力。

相关知识

一、燃油汽车的基本结构

一辆普通的燃油汽车大约由 2 万个零件组合而成，是一件技术密集度相对较高的产品，当汽车运行时，有超过 1 500 个零件会同步运转。

按照其动力装置、运送对象、使用条件等的不同，每辆汽车在结构上有较大的差异。但无论是简单还是复杂的燃油汽车，一般都如图 1-2-1 所示，由发动机、底盘、车身及电气系统四部分构成。

汽车为什么会跑?

图 1-2-1 汽车总体构成

发动机是燃油汽车的唯一动力装置，广泛采用活塞式汽油内燃机或柴油内燃机。底盘通常由传动系统、行驶系统、转向系统和制动系统四大部分组成，作为汽车的机体，发动机、车身及电气系统都直接或间接地安装在底盘上。车身主要是用来承载驾驶员、乘客或货物。电气系统包括电气设备和电子设备，电气设备包括电源、点火系统、起动系统等，电子设备主要有发电机电控系统、变速器电控系统、制动系电控系统等。

二、新能源汽车结构与特点

（一）混合动力汽车

混合动力汽车有油电混合动力汽车和插电式混合动力汽车两种。

油电混合动力是指汽（柴）油和电能的混合，如图1-2-2所示，它同时拥有发动机和驱动电机两大动力源，其与发电机、混合动力电池等部件相连，这些部件由计算机控制，以确保最高效的能量利用，并实现持续精准的链接。

混合动力汽车结构与特点如何？

车辆起动和低速行驶时，发动机不工作，混合动力电池向驱动电机输送能量，驱动车辆运动，安静且不排放污染，不耗油；当加速（或高负载）行驶时，驱动电机和发动机协同运转提供强大动力，加速迅猛而平顺；当定速行驶时，驱动电机辅助发动机高效运转，保持发动机以最佳转速运转，实现发电机向电池充电；减速或刹车时，控制能量的利用，回收浪费掉的制动能，储存到电池中。

图1-2-2　油电混合动力汽车基本结构

普通混合动力车的电池容量很小，仅在起/停、加/减速时供应/回收能量，不能外部充电，不能用纯电模式较长距离行驶。图1-2-3所示的插电式混合动力车的电池相对较大，可以为电池组外部充电，用纯电动模式行驶，因而纯电动模式下的续航里程比油电混合动力的车型要长，电池电量耗尽后再以混合动力模式（以发动机为主）行驶，并适时向电池充电。但是，插电式混合动力汽车电池容量大，导致汽车质量通常比油电混合动力汽车大。

图1-2-3　插电式混合动力汽车基本结构

混合动力汽车发挥了发动机持续工作时间长、动力性好的优点，又可以发挥电动机无污染、低噪声的好处，二者"并肩战斗"，取长补短，汽车的热效率可提高 10% 以上，废气排放可改善 30% 以上。混合动力汽车的缺点是具有两套动力系统，再加上两套动力的管理控制系统，结构复杂，技术较难，价格较高。

纯电动汽车结构与特点如何？

（二）纯电动汽车

纯电动汽车是完全由可充电电池（如铅酸电池、镍镉电池、镍氢电池或锂离子电池）提供动力源的汽车，与燃油汽车相比，主要区别在于动力装置和传动系统，而行驶系统、转向系统和制动系统等与内燃机汽车基本相同。如图 1-2-4 所示，纯电动汽车主要由电力驱动系统、电源系统、底盘、车身以及各种辅助装置等部分组成。电力驱动系统包括电子控制器、功率转换器、电动机、机械传动装置和车轮，电源系统包括电源、能量管理系统和充电机，辅助系统包括辅助动力源、动力转向系统、导航系统、空调器、照明及除霜装置、刮水器和收音机等。

图 1-2-4 纯电动汽车基本结构

纯电动汽车根据电动机的位置不同，有集中式电动机、轮毂电动机、轮边电动机三种形式。集中式电动机，也称为电动机中央驱动形式，是借用了燃油汽车的驱动方案，将发动机换成电动机及其相关器件，用一台电动机驱动左右两侧的车轮；轮毂电动机技术又称车轮内装电动机技术，具备单个车轮独立驱动的特性，不需要传统的离合器、变速箱、传动轴，无论是前驱、后驱还是四驱形式，都很容易实现，在特殊情况下几乎可以实现原地转向；轮边电动机是电动机装在车轮边上以单独驱动车轮，一台电动机驱动一辆车，转弯时通过电子差速控制以不同车速行驶，机械差速器就不需要了，这样大大简化了机械传动装置，效率显著提高，代价是增加了控制系统的复杂程度与成本。

纯电动汽车所独有的以蓄电池作能量源的一种结构非常好，蓄电池可以布置在四周，也可以布置在车的尾部或者底盘下面，因此，纯电动汽车的底盘结构相对燃油汽车要简单得多。另外，燃油汽车的底盘因外形不同形成的各种构件只能通过焊接去达成，形状不能统一，无法实现标准化和系统化。而纯电动汽车因为是通过电缆传递能量，容易实现模块化，也具有良好的拓展性，所以能够方便地应用于多个车型。

纯电动汽车具有环境污染少（可称为"零排放污染汽车"）、能源有效利用率高、振动及噪声小、结构简单、维修使用方便等优点。另外，纯电动汽车的能量主要是通过柔性的电线而不是通过刚性联轴器和转动轴传递的，因此，纯电动汽车各部件的布置具有很大的灵活性。

燃料电池电动汽车的结构与原理

（三）燃料电池电动汽车

燃料电池电动汽车是一种用车载燃料电池装置产生的电力作为动力的汽车，与通常的电动汽车相比较，其动力方面的不同在于用的电力来自高纯度氢气或含氢燃料经重整所得到的高含氢重整气，其原理是作为燃料的氢在汽车搭载的燃料电池中，与大气中的氧气发生氧化还原化学反应，产生出电能来带动电动机工作，由电动机带动汽车中的机械传动结构，进而带动汽车的前桥（或后桥）等行走机械结构工作，从而驱动电动汽车前进。

如图 1-2-5 所示，燃料电池电动汽车的动力系统主要由储氢罐、电池、电池反应堆、升压转换器、动力控制单元和电动机组成。氢气和氧气发生化学反应，得到电能和水，具有零排放、温室气体排放低、燃油经济性高、发动机燃烧效率高、运行平稳、无噪声等优势。但是，目前无污染的制造氢气技术还没有取得突破，燃料电池的反应催化剂仍然存在必须用到稀有金属铂金（Pt）等问题。因此，燃料电池前景虽被看好，但技术和成本控制需突破。

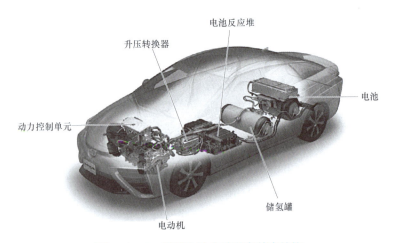

图 1-2-5　燃料电池电动汽车基本结构

项目一 新能源汽车认知

三、新能源汽车与燃油汽车对比分析

(一) 结构对比

混合动力汽车的结构通常与燃油汽车相似，而纯电动汽车、燃料电池电动汽车与燃油汽车的区别较大。

新能源汽车完胜燃油汽车？

以底盘为例，燃油汽车的底盘由传动系统、行驶系统、悬架系统、转向系统和制动系统构成，并考虑安全性的要求，加强车身结构设计。为了达到安全性和可靠性的要求，在制造过程中，因外形不同形成的各种覆盖件只能通过焊接成形。这些部件的形状不能统一，导致发动机和底盘的尺寸也不是标准化的，所以设计一款新车就需要设计新的模具和夹具，这就增加了设计成本和投资成本，并且也造成了资源浪费和人力浪费，还会造成重复设计。

纯电动汽车和燃料电池电动汽车可以将动力、传动和控制及悬架系统全部集成于一体，不需要发动机、变速箱和机械传动装置，因此底盘的设计就比较简单，便于标准化，还可以将其结构设计得更加紧凑，增加汽车的内部使用空间，有利于汽车其他电气装置的布置。因此，底盘可以更加优化，并且功能也会更加完善，性能更好。一般纯电动汽车和燃料电池电动汽车都采用平板底盘，这种设计方式可以实现底盘的标准化，使底盘上各部分的尺寸大小、结构形式、接口方式都有统一的标准，部件之间不必再去考虑衔接的问题。

(二) 性能对比

通常用来评定汽车的性能指标主要有动力性、燃油经济性、制动性、操控稳定性、平顺性以及通过性等。其中，动力性以最高车速、加速时间和所能爬上的最大坡度来评定，燃油经济性主要以百公里燃油消耗量评定。如表1-2-1所示，以比亚迪F3双模电动车（见图1-2-6）和比亚迪F3燃油汽车为例进行部分性能的对比分析。

图1-2-6 比亚迪F3双模电动车

表1-2-1 部分性能的对比分析（样例）

项 目	F3双模电动车	F3燃油汽车	结论
最高车速/(km·h^{-1})	150	180	燃油车胜出
加速时间/s	10.5	14.9	电动车胜出
百公里油耗/L	2.67	6.20	电动车胜出

比亚迪F3双模电动车百公里加速时间为10.5 s，燃油汽车为14.9 s，这得益于电动车的特质——给电方式是直给，四个车轮装了四个电动机，电流直接推动电动机。而燃油车是通过燃料燃烧转化成机械能，推动汽车运动的。

（三）成本对比

对用户来说，成本是购车必须考虑的问题。成本一般由一次成本、能源成本、保险成本、维保成本和其他成本构成。其中，一次成本主要包含购车成本、购置税、上牌费、附属用品等；能源成本主要包含车辆行驶过程中产生的油费、电费等；保险成本主要包含交强险、商业保险等；维保成本主要包含维修费、保养费、日常维护费等；其他成本主要包含年检费、车船使用税、停车费、过路过桥费、违章罚款、事故赔偿等。

结合新能源汽车和燃油汽车的使用特点，二者在使用成本上的区别主要来自一次成本、能源成本、维保成本和商业保险，其他使用成本可认为基本一致。

图1-2-7 北汽电动版E150

以北汽电动版E150（见图1-2-7）和北汽燃油版E150为例，相关项的价格依据现行政策和市场行情测算；由于电动汽车价格较高，贷款成本更高些，因此购买车辆时按付全款测算；参考普通家庭轿车的统计数据，车辆年行驶里程按2万公里测算；车辆使用年限按5年测算；电动汽车的残值按燃油汽车的2/3测算。

（1）一次成本。北汽燃油版E150最高配的市场价为7.38万元，电动版E150补贴后的市场价为8.48万元（按现行的最低市场价计算），电动E150享受国家的免购置税政策，车企可免费安装充电桩，5年后两者的残值不同。

（2）能源成本。电动汽车和燃油汽车的能源成本都与行驶里程成正比关系，即车辆的行驶里程越长，能源成本越高。略有不同的是，电动汽车标称的综合工况耗电量与用户实际的耗电量不相等，因为车企的耗电量是指电池存储的直流电量，而用户实际的耗电量是指电表记取的交流电量，存在充电系统效率的问题。

（3）维保成本。电动汽车相比燃油汽车，以电动机替换了发动机，变速器简化甚至取消，因而维修保养费用可下降约30%；商业保险费用差别主要体现在车价不同上。

综上，可得到表1-2-2所示的数据统计。

表1-2-2 北汽电动版E150和北汽燃油版E150成本对比分析（样例）

类别	项目	北汽电动版E150	北汽燃油版E150	备注
一次成本	车价/元	84 800	73 800	全款买车
	购置税/元	0	7 504	
	上牌费/元	500	500	
	附属设备/元	0	0	免费安装充电桩
	车辆残值/元	10 000	15 000	使用5年、估值
	小计/元	75 300	66 604	

续表

类别	项目	北汽电动版 E150	北汽燃油版 E150	备注
能源成本	日行驶里程/km	55	55	
	年使用天数/天	365	365	
	年行驶里程/km	20 075	20 075	按每年 2 万公里估算
	使用年限/年	5	5	
	全寿命行驶里程/km	10 0375	100 375	
	单位耗油/[L·(100 km)$^{-1}$]		6.5	综合网上测评数据
	单位耗电/[kW·h·(100 km)$^{-1}$]	18		考虑开空调等综合能耗
	充电综合效率	80%		考虑充电系统损耗
	汽油单价/元	0	7	取近期油价中值
	电费单价/元	0.488 3	0	按居民用电价格最低档考虑
	小计/元	11 028	45 671	
维保成本	保养费/(元·年$^{-1}$)	840	1 200	按燃油车的 70%计算
	维修费/(元·年$^{-1}$)	1 400	2 000	按燃油车的 70%计算
	全险保险费/(元·年$^{-1}$)	6 114	5 642	电动汽车按补贴后价格上保险
	小计/元	41 770	44 210	
全寿命成本总计/元		134 698	163 285	

由表 1-2-2 可以看出,虽然购置成本北汽电动版 E150 比北汽燃油版 E150 略高,但是全寿命使用成本降低了 28 587 元(降低 18%),即每年少花 5 700 多元。

 在线测验

扫描右方"测验二维码"进入资源库平台的在线测验页面。

在线测验

 成果提交

小组成员共同完成该任务,并按任务要求上传至资源库平台(或空间)。

成果提交

拓展提升

一、拓展任务

宝马是世界著名的轿车公司，不追求汽车产量的扩大，只追求生产高品质、高性能和高级别的汽车。一句"坐奔驰，开宝马"，让每一个人都能想象驾驶宝马的痛快淋漓的神奇风采。近年来，宝马研发制造了多款新能源汽车。

大众是当今世界汽车行业的巨头企业，旗下拥有大众、奥迪、斯柯达、兰博基尼、宾利、布加迪、西雅特、斯堪尼亚、大众商用车、保时捷、MAN 和杜卡迪 12 个品牌，最近这几年这些品牌几乎都有涉及新能源汽车。

福特是美国亨利·福特于 1903 年创建的福特汽车公司旗下的众多品牌之一，是世界著名的汽车品牌。这个百年品牌，确实缔造了燃油汽车的神话。近年来，在新能源汽车方面的作为也不小。

请对宝马、大众、福特家族中的燃油汽车和新能源汽车从结构、成本等方面进行对比分析，并提交分析报告。

宝马新能源汽车　　　　大众新能源汽车　　　　福特新能源汽车

二、拓展训练

1. 混合动力汽车有哪些优缺点？
2. 纯电动汽车有哪些优势？
3. 氢燃料电池电动汽车的发展受到哪些制约？
4. 不同车型对比分析通常包括哪些项目？
5. 核算汽车使用周期的成本通常要从哪些方面入手？

项目二

混合动力汽车

虽然业界普遍认为，混合动力汽车不是未来替代内燃机动力汽车的终极方案。但是，在目前的技术水平下，如果电池技术不取得重大突破，那么能媲美传统汽车的电动车就不可能出现，所以混合动力汽车在这个过渡期间必然成为主流的选择。因此，混合动力汽车在很长一段时间会占据新能源汽车领域比较大的份额。

本项目主要学习混合动力汽车的结构和工作原理，包括"分析混合动力汽车的构成与分类"和"分析混合动力系统的结构及工作原理"两个任务，通过学习和训练，将掌握混合动力汽车总体构成、分类，以及串联式、并联式和混联式三种混合动力系统的结构和原理等。同时，自己还要查阅大量资料，掌握调研的一些方法、具备制作简要报表或汇报PPT的技能。

任务 2-1 分析混合动力汽车的构成与分类

任务引入

混合动力汽车是指同时装备两种动力来源——热动力源（由传统的汽油发动机或者柴油发动机产生）与电动力源（电池与电动机）的汽车。混合动力汽车一般采用能够按照汽车日常驾驶需求的小排量发动机，通过电动机获得加速与爬坡所需的附加动力。其结果是在未牺牲性能的前提下，大大降低了燃油消耗和废气排放。那么，混合动力汽车的总体构成与传统燃油汽车是否有区别？混合动力汽车可以分为哪些类型？本任务通过分析比亚迪混合动力汽车将解决这些问题。

任务描述

2016 年 4 月，比亚迪小型 SUV 车型"元"正式上市，分为燃油车和插电式混合动力车（比亚迪称双模版）两类。伴随"元"的上市，比亚迪新能源汽车"王朝"初具规模——"秦""元""宋""唐"。请你选择比亚迪一款混合动力汽车，分析其总体构成、动力系统组成，根据动力系统特点对其分类，并列出其主要技术参数，制作一个汇报文件（PPT 或 Word 文档），上传到学习平台，并在学习小组或班上进行简短汇报。

学习目标

- 专业能力
1. 能够熟悉混合动力汽车的总体构成。
2. 能够较好地掌握混合动力系统的组成。
3. 能够较熟练地说出混合动力汽车系统的分类。
- 社会能力
1. 树立能源安全和节能环保意识。
2. 强化汇报沟通的能力。

3. 加强小组协同学习的能力。

- **方法能力**

1. 通过查询资料完成学习任务，提高资源搜集的能力。
2. 通过制作报表，提升分析报表制作的能力。
3. 通过完成学习任务，提高解决实际问题的能力。

混合动力汽车是指拥有至少两种动力源，使用其中一种或多种动力源提供部分或者全部动力的车辆，可以通俗地理解为双人自行车，两人既可以同时出力，也可以各自出力（见图 2-1-1）。实际中，混合动力汽车多半是指采用燃油发动机和电动机作为动力源，通过混合使用热能和电能两套动力系统驱动汽车。

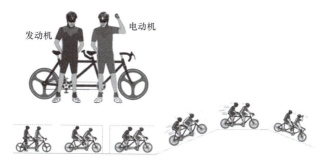

图 2-1-1　双人自行车

一、混合动力汽车的总体构成

混合动力汽车是燃油汽车的替代和延伸，与燃油发动机汽车类似，是由动力系统、底盘系统、车身系统和电气系统四大部分构成的，如图 2-1-2 所示。

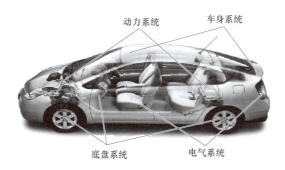

图 2-1-2　混合动力汽车总体构成

（一）动力系统

如图 2-1-3 所示，混合动力汽车动力系统通常是由以燃油发动机和电动机为主的部件组成，向车辆提供纯电动、混动等不同模式下的驱动力（其组成在下一个任务介绍）。所采用的燃油发动机可以是柴油机，也可以是汽油机，因此可以使用传统汽油或者柴油，也有的燃油发动机经过改造使用其他替代燃料，如压缩天然气、丙烷和乙醇燃料等。使用的电动系统包括高效强化的电动机、发电机和蓄电池。

混合动力汽车由哪些部件构成？

（二）底盘系统

底盘的作用是支撑、安装汽车发动机及其各部件、总成，形成汽车的整体造型，并接受发动机的动力，使汽车产生运动，保证正常行驶。如图 2-1-4 所示，混合动力汽车继承和沿用了很大部分燃油汽车的底盘系统，包括传动系统、行驶系统、转向系统和制动系统四大系统。驾驶员通过底盘系统中的加速踏板、制动踏板、离合器踏板、变速器操纵杆、方向盘等操控装置，发出控制信号，通过中央控制器和各种控制模块发出指令，实现混合动力汽车的起动、行驶、加速、爬坡、减速、转向和制动等控制。

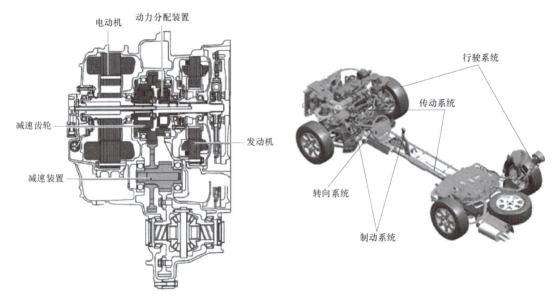

图 2-1-3　混合动力汽车动力系统　　图 2-1-4　混合动力汽车底盘系统

1. 传动系统

汽车动力系统所发出的动力靠传动系统传递到驱动车轮，具有减速、变速、倒车、中断动力、轮间差速和轴间差速等功能，与动力系统配合工作，能保证汽车在各种工况条件下的正常行驶，并具有良好的动力性和经济性。

2. 行驶系统

行驶系统由汽车的车架、车桥、车轮和悬架等组成，其功用包括：将汽车构成一个整体，承受汽车的总质量，接受传动系统的动力；通过驱动轮与路面的作用产生牵引力，使汽车正常行驶；承受并传递路面作用于车轮上的各种反力和力矩，缓和不平路面对车身造成的冲击，衰减汽车行驶中的振动，保持行驶的平顺性；与转向系统配合，保证汽车操纵稳定性等。

3. 转向系统

汽车行驶过程中，经常需要改变行驶方向，即所谓的转向，这就需要有一套能够按照驾驶员意志使汽车转向的机构，它将驾驶员转动方向盘的动作转变为车轮（通常是前轮）的偏转动作。转向系统包括转向操纵机构（方向盘、转向轴、转向管柱等）、转向器和转向传动机构等。

4. 制动系统

制动系统的作用是使行驶中的汽车按照驾驶员的要求进行强制减速甚至停车、使已停驶的汽车稳定驻车，以及使下坡行驶的汽车速度保持稳定等。制动系统一般由制动操纵机构和制动器两个主要部分组成。

（三）电气系统

电气系统方面，由于电动机直接参与到汽车的动力系统，所以给汽车的整体构造带来了巨大的变化。在目前主要的新能源汽车电气系统中，分为 12 V 电压电路和高电压电路（200 V、300 V，甚至是 500 V 以上）两个系统。12 V 电压电路用于沿袭燃油汽车中的底盘、车身、车载电气系统，这一电路系统中的输电功率一般小于 10 kW。高电压电路系统主要负载包括驱动电机，电路功率可高达 70～100 kW，高电压回路中增加了大量的大功率电气元器件和单元，例如大功率二极管、高电压继电器、DC/DC 单元、整流单元等。

（四）车身

混合动力汽车的车身和燃油汽车基本一样，从造型看有厢型、鱼型、船型、流线型及楔型等，根据结构可以分为两厢型、三厢型、硬顶敞篷车、软顶敞篷车、SUV……按照受力情况可分为图 2-1-5 所示的非承载式车身和承载式车身，非承载式车身的汽车有一刚性车架（又称底盘大梁架），具有较好的平稳性和安全性，一般用于货车、客车、越野车和

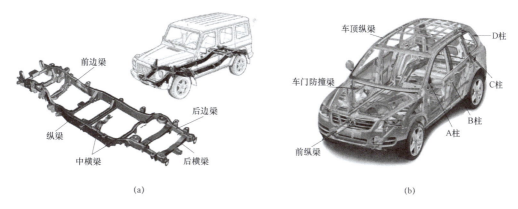

图 2-1-5 非承载式车身和承载式车身
（a）非承载式车身；（b）承载式车身

高级轿车；承载式车身的汽车没有刚性车架，只是加强了车头、侧围、车尾、底板等部位，它具有质量小、高度低、装配容易等优点，大部分轿车采用这种车身结构。以承载式为例，车身包括车窗、车门、驾驶舱、乘客舱、引擎舱和后备厢等，如图2-1-6所示。

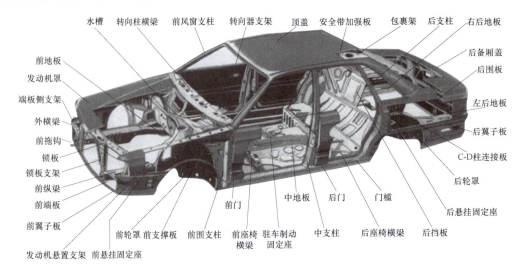

图2-1-6 承载式车身结构

二、混合动力汽车的分类

混合动力汽车技术引起重视的时间虽然不长，但是近年来受重视程度非常高，因此发展非常快，其分类也有多种方式，主要包括按照驱动系统连接方式分类、按照是否能外接充电分类、按照混合度分类等方式，更为专业的分类是按照电气化部件的架构分类。

混合动力汽车按照驱动系统连接方式可分为哪几类？

（一）按照驱动系统连接方式分类

根据混合动力驱动系统的连接方式，混合动力汽车可以分为串联式、并联式和混联式三类。

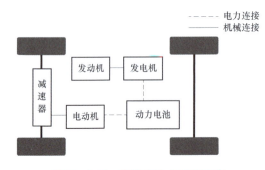

图2-1-7 串联式混合动力系统

1. 串联式

如图2-1-7所示，串联式混合动力系统（Seral Hybrid Electric Vehicle，SHEV）是将发动机和电动机"串"在一条动力传输路径上，其最大的特点就是发动机在任何情况下都不参与驱动汽车的工作，它只能通过带动发电机为电动机提供电能。串联结构的动力来源于电动机，发动机只能驱动发电机发电，并不能直接驱动车辆行驶。因此，串联结构中电动机功率一般要大于发动机功率。

图 2-1-8 所示的雪佛兰沃蓝达（VOLT）就是采用串联式混合动力系统，结构非常简单，相当于纯电动汽车加个汽油发动机（仅用作发电），由于取消了燃油汽车的变速箱，所以结构布置也更加灵活。同时，发动机总是工作在高效转区，因此在中低速行驶时，相比普通燃油汽车大约可以节油 30%，能够很好地改善城市工况中车辆的燃油经济性和排放性。另外，由于串联结构的驾驶模式只有电动模式，因此用户使用起来非常方便。但是，

图 2-1-8 雪佛兰沃蓝达

因为串联式混合动力系统的发动机动能需要经过二次转换才能为电动机供电，会造成较大的能量损失，所以高速行驶时油耗偏高，雪佛兰沃蓝达在高速行驶时油耗明显高于同级别和排量的燃油汽车。

增程式电动车（Extended-Range Electric Vehicle，EREV）也是根据这样的结构原理开发的，非常典型的有宝马 i3 增程式混合动力车型、传祺 GA5 增程式混合动力车型。

2. 并联式

如图 2-1-9 所示，并联式混合动力系统（Parallel Hybrid Electric Vehicle，PHEV）是在普通燃油汽车的基础上加装一套电能驱动系统（电动机和动力电池），发动机和电动机都能单独驱动车轮，也可以同时工作，共同驱动车辆行驶。当动力电池电量不足时，发动机还能带动电动机反转为动力电池充电。这种结构的混合动力汽车连接方式简单，更接近传统汽车，只需要增加一套电驱动系统就行，可以降低成本。

本田 IMA 混合动力系统就是采用并联式混合动力系统，广泛运用在本土 Insight、本田思域、本田雅阁（第七代）、本田飞度、本田 CR-Z 等车型上。并联式混合动力系统一般有纯电驱动、发动机驱动、发动机和电动机同时驱动三种模式，纯电驱动多用于中低速行驶，发动机和电动机同时驱动的动力性能非常优越。图 2-1-10 所示的本田 CR-Z 混动跑车 1.5 T 发动机和电动机功率相加后最大功率为 124 ps，最大扭矩为 173 N·m。因为驱动模式较多，可以适应多种工况，发动机能够在中高速运行时单独驱动汽车，无须进行能源的二次转换，因此综合油耗低，本田 CR-Z 混动跑车综合油耗为 4 L/100 km。

并联式混合动力系统由于只有一台电动机，没有独立的发电机，无法实现混合模式下发动机为动力电池充电的功能，当电量耗尽时，只能依靠发动机驱动。另外，并联结构更加复杂，制造成本也会相对高一些。目前，市面上的混动车型，大部分采用的是并联结构，尤其以跑车上的应用最多，电动机和发动机互补，在节油的同时能够极大地提高加速性能。

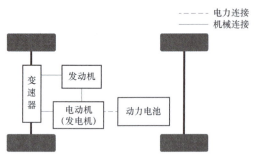

图 2-1-9　并联式混合动力系统

图 2-1-10　本田 CR-Z 混动跑车

3. 混联式

如图 2-1-11 所示，混联式混合动力系统（Parallel Serial Hybrid Electric Vehicle，PSHEV）综合了串联式和并联式的结构而组成，主要由发动机、电动-发电机和驱动电机三大动力总成组成，发动机和电动机协同驱动车辆行驶的同时，发动机还能带动发电机为动力电池充电，不再像并联结构中单一电动机需要身兼两职，并且理论上它能够实现发动机带动发电机发电，电动机驱动车辆的模式，具有纯电驱动、纯油驱动、混合驱动和充电四种模式。

丰田 THS-Ⅱ 混合动力系统就是混联式，是在并联基础上加一个发电机，但不使用传统的变速箱，而是用"ECVT"的行星齿轮结构的耦合单元来代替，这种技术一直被丰田垄断，广泛应用于丰田 Prius（见图 2-1-12）、丰田凯美瑞、丰田雷凌等混合动力车型上。

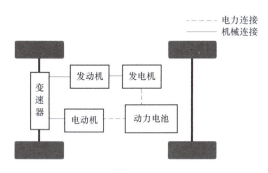

图 2-1-11　混联式混合动力系统

图 2-1-12　丰田 Prius

另外，还有一种采用四轮驱动，前驱可以采用串联、并联或混联结构，在后轮驱动轴上增加一套电动机驱动系统或轮边驱动电机系统，这一类称为复合式混合动力系统。驱动时可以由后轮驱动电机提供额外的驱动力；制动时由电机进行制动能量回收。如丰田公司的 Estima 混合动力汽车前轮驱动采用丰田混合动力驱动系统 THS，后轮增加了驱动电机。

（二）按照是否能外接充电分类

根据是否能外接充电可将混合动力汽车分为插电式混合动力汽车和非插电式混合动力汽车（油电混合动力汽车）两种。

插电式混合动力汽车（Plug-in Hybrid Vehicle，PHV）有充电接口，电池容量比较大，介于电动车与燃油车两者之间，在行驶距离不长和具备充电条件的情况下，插电式混合动力汽车可以不用加油，当作纯电动车使用。比亚迪秦（见图 2-1-13）、宝马 i8、比亚迪唐、保时捷 918 等都属于插电式混合动力汽车。

混合动力汽车按照是否能外接充电可分为哪几类？

非插电式混合动力汽车（油电混合动力汽车）必须加油，通过发动机驱动发电机来给电池充电，由于有电动机的辅助，可以明显降低油耗。

图 2-1-13　插电式混合动力汽车——比亚迪秦

（三）按照混合度分类

按照混合度来分类的方法是一种定性的理解，是人们根据市场上量产车的实际情况的主观分类，而非严格科学定量的分类，虽然现在已经越来越淡化这种分类方式，但是本书还是简单介绍一下。根据电动机的输出功率在整个系统输出功率中所占的比例进行分类，通常分为微混合、轻混合、中混合和完全混合四种。

混合动力汽车按照混合度可分为哪几类？

1. 微混合

微混合动力汽车是指在传统内燃机上的起动电机（一般为 12 V 或 42 V，42 V 主要用于柴油混合动力系统）上加装了皮带驱动起动电机（也就是常说的 Belt-alternator Starter Generator，BSG），该电机为发电起动（Stop-Start）一体式电动机，用来控制发动机的起动和停止，从而取消了发动机的怠速，降低了油耗和排放。从严格意义上来讲，这种微混合动力系统的汽车不属于真正的混合动力汽车，因为它的电机并没有为汽车行驶提供持续的动力。丰田混合动力版 Vitz 以及标致 PSA 混合动力版 C3 就属于微混合动力汽车。

2. 轻混合

与微混合动力系统的 BSG 系统相比，轻混合动力汽车采用了集成起动电机（Integrated

Starter Generator，ISG），除了能够实现微混系统的起动和停止，还能够在减速和制动工况下进行部分制动能量回收；在行驶过程中，发动机等速运转，发动机产生的能量在满足车辆功率需求的情况下通过发电机进行充电。通用混合动力货车等车型属于轻混合动力汽车，混合度约为20%。

3. 中混合

中混合动力汽车采用的是高压电机的ISG系统，是在汽车处于加速或者大负荷工况时，电动机辅助发动机出力，增加整个驱动系统的动力输出。本田旗下的混合动力汽车基本上都使用ISG系统，混合度可以达到30%左右，并且技术已经成熟。

4. 完全混合

完全混合动力汽车采用了272～650 V的高压起动电机，能够实现纯电动驱动，可以在机械传动路径和电气传动路径之间灵活地改变比例，以获得更好的工作效率，混合度可以达到甚至超过50%，逐渐成为混合动力技术的主要发展方向。

丰田旗下的Prius、Levin等多款车型属于完全混合动力汽车。

（四）按照电气化部件的架构分类

除上述三种分类方式外，更为专业的分类方式是按照电气化部件的架构进行区分，可以分为P0、P1、P2、P3、P4以及它们之间的组合，如图2-1-14所示。

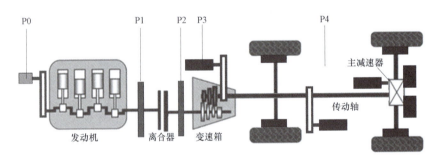

图 2-1-14　P0、P1、P2、P3、P4架构分类示意图

1. P0架构

P0架构是指将电动机安装在发动机前端，通过皮带的方式与发动机相连（即BSG系统），因为皮带传动所传递的力有限，一般只具有控制发动机的起动和停止功能，属于微混合动力汽车。

2. P1架构

P1架构是将电动机安装在发动机后端，并且与发动机刚性相连（即ISG系统），虽然传递力比较大，但是与发动机无法脱开，输出的动力受发动机影响，以中混合动力汽车为主。

3. P2架构

P2架构是在发动机与变速箱之间的离合器之后安装一个扁平式电动机，这类架构不需要改变发动机平台和变速箱平台,技术上比较容易实现,能够发挥传统技术优势,大众高尔夫 GTE、宝马 530Le 等德系车大多采用这一技术。但是,因为电动机距离发动机较近,发动机高温热辐射电动机,对电动机功率发挥有较大影响,导致节能和舒适度都不是最优。

4. P3 架构

P3 架构是在主减速器上加装电动机,驱动电机的工作范围不能优化,能耗降低和驾驶舒适性不及 P2 架构,比亚迪秦属于典型的 P3 架构。

5. P4 架构

P4 架构是在后桥上加装电动机,属于纯电动技术,目前应用较多。但是,为了实现控制发动机的起动和停止功能,通常会与 P1 架构或 P2 架构联合使用,形成 P1P4、P2P4 的组合型,沃尔沃 S60L Plug-in 属于 P2P4 架构,这一架构虽然技术上容易实现,但是控制难度较高,对整车底盘、车身耐久疲劳带来挑战。

6. PS 架构

PS 架构是采用双电动机弥补发动机动力不足,采用行星排的三自由度及智能控制实现发动机与电动机的互相配合,从而强劲、顺畅地输出动力。因此,PS 架构具有双电动机、行星排和智能控制三个要素,目前这一项技术被丰田和通用所垄断。

为提高发动机效率,丰田汽车采用阿特金森循环发动机,通用汽车则通过改变进排气气门相位,提升膨胀比,回收尾气的热能,提升效率。这些技术使得发动机的效率远高于普通发动机,但是大大影响动力输出。因此,丰田 THS 技术和通用 Voltec 技术都采用双驱动电机驱动整车,弥补发动机动力输出不足的劣势,实现发动机高效率、高燃油经济性。在协调控制方面,丰田 THS 技术(见图 2-1-15)采用单行星排架构与智能控制技术,通用 Voltec 技术(见图 2-1-16)采用双星行排架构与智能控制技术。

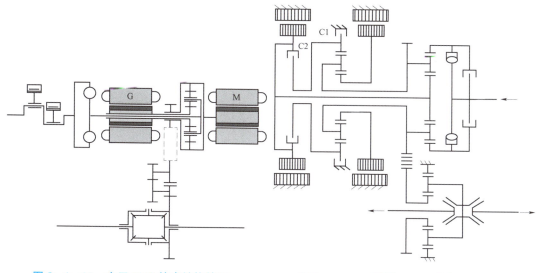

图 2-1-15 丰田 THS 技术结构简图　　图 2-1-16 通用 Voltec 技术结构简图

 **在线测验**

扫描下方"测验二维码"进入资源库平台的在线测验页面。

在线测验

 **成果提交**

小组成员共同完成该任务,并按任务要求上传至资源库平台(或空间)。

成果提交

 **拓展提升**

一、拓展任务

(一)丰田 Prius 混合动力汽车

Prius 是日本丰田汽车于 1997 年所推出的世界上第一个大规模生产的混合动力车辆车款,随后在 2001 年销往全世界 40 多个国家和地区,其最大的市场是日本和北美。截至 2017 年 1 月底,丰田旗下混动车型在全球累计销量已达 1 004.9 万辆,其中 Prius 的贡献度最大,在业内占据绝对优势。

丰田 Prius 混合动力汽车?

2015 年法兰克福车展上第四代 Prius 亮相,2016 年在美国内华达州拉斯维加斯首次公开了相关参数,目前在全球部分国家和地区已经上市。据称,第四代 Prius 发动机的热效率提高 40%,相比第三代燃油经济性提高 10%。当然,这得益于丰田 THS 系统的整体结构和功能在新 Prius 上都被保留下来,电机、传动机构、电池等各个混合动力系统的元件被优化得更加紧凑,因此新的混合动力系统质量更小,也就更节能。

请学习"丰田 Prius 混合动力汽车"微课视频,并查阅相关资料分析丰田 THS 混合系统的结构和原理,并提交分析报告。

(二)本田 Insight 混合动力汽车

1999 年,本田发布了第一代 Insight(代号:ZE1),是由 1997 年东京车展上的概念车 J-VX 演变而来的。如图 2-1-17 所示,采用三门掀背版造型,装备 1.0 L 发动机,每百公里 2.8 L 的超低油耗成为当时全球油耗最低的量产汽车,在外形设计上为了追求更低的风阻系数,运用了极其夸张的流体线条,夸张到即便是现在看来也还是相当前卫、超前。但是,仅能够乘坐两人的有限空间和只有 80 ps 的综合最大输出功率却不能让绝大部分消费者满意。自 2000 年上市至 2006 年停产,本田在全球共售出 17 020 辆第一代 Insight,对比竞争对手丰田 Prius 在全世界范围内取得的销售业绩和口碑,不得不说第一代 Insight 是一款有些遗憾的产品。

本田 Insight 混合动力汽车?

2009 年,本田将 Insight 推陈致新,推出图 2-1-18 所示的第二代全新的 Insight,换装 1.3 L 发动机,改用了五门掀背设计,其风阻系数仅为 0.28。毫无疑问,出色的风阻表现也让这辆混合动力轿车在高速情况下的燃油经济性得到进一步改善。

图 2-1-17 第一代本田 Insight

图 2-1-18 第二代本田 Insight

本田 Insight 使用的是本田 IMA 混合动力系统,现在已经发展到第五代。请学习"本田 Insight 混合动力汽车"微课视频,并查阅相关资料分析本田 IMA 混合动力系统与丰田 THS 混合系统的异同,并提交分析报告。

二、拓展训练

1. 请简单说明混合动力汽车与传统燃油汽车在结构上的异同。
2. 混合动力汽车有哪些分类方式?
3. 混合动力汽车按照驱动系统连接方式可以分成哪些类型?各有什么特点?
4. 混合动力汽车按照电气化部件的架构可以分成哪些类型?各有什么特点?

任务 2-2　分析混合动力系统的结构及工作原理

任务引入

目前，混合动力汽车已经成为不少消费者购车的选择。究其原因，一方面是用车习惯与传统汽油车相差无几，而且能够在日常用车中节省不少燃油；另一方面，不少车企为了占领市场，对混合动力车型提供了保养或价格方面的优惠。但是同为混合动力车型，工作原理却相差巨大，本任务就是学习不同混合动力系统的结构和工作原理。

任务描述

通过本任务的学习，掌握混合动力汽车的结构、特点和工作模式。为了加强认识，请你选择一款混合动力汽车（如丰田的 Prius、雷克萨斯 CT200h、凯美瑞尊瑞等），从网上搜索车型介绍资料，获取该车型的技术参数，参考表 2-2-1 做简要报表，同时简要分析其工作模式，上传到学习平台，并在学习小组或班上进行简短汇报。

表 2-2-1　混合动力汽车简要报表

品　牌		车　型	
价位区间		级　别	
动力类型		最高车速/(km·h^{-1})	
百公里加速时间/s		油耗/[L·(100 km)$^{-1}$]	
六方位照片（小于 5 cm×5 cm）			

续表

车身主要参数	
发动机主要参数	
变速箱主要参数	
电动机主要参数	
电池主要参数	
底盘转向主要参数	
车轮制动主要参数	
其他主要参数	
该车型的结构	
该车型的特点	
该车型的工作模式	

学习目标

- **专业能力**
1. 熟悉串联式混合动力系统的结构、特点和工作模式。
2. 熟悉并联式混合动力系统的结构、特点和工作模式。
3. 熟悉混联式混合动力系统的结构、特点和工作模式。
- **社会能力**
1. 树立能源安全和节能环保意识。
2. 强化汇报沟通的能力。
3. 加强小组协同学习的能力。
- **方法能力**
1. 通过查询资料完成学习任务，提高资源搜集的能力。
2. 通过制作报表，提升信息化应用的能力。
3. 通过完成学习任务，提高解决实际问题的能力。

一、串联式混合动力系统的结构及原理

（一）系统结构

串联式混合动力系统最接近纯电动系统，发动机在系统中仅用于推动发电机发电而不直接驱动汽车。串联式混合动力电动汽车串联式动力由发动机、发电机和电动机三部分动力总成组成，它们之间用串联的方式组成动力单元系统，如图2-2-1所示。

串联式混合动力系统结构怎么样？

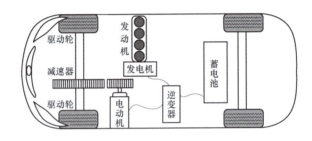

图2-2-1　串联式混合动力系统

串联式混合动力汽车不管在什么工况下，最终都要由电动机来驱动车轮。这种系统的发动机与道路负荷没有耦合，不必考虑传动系统的要求，就可对发动机工作进行优化，使其在某一固定工作点（或在某固定工作点周围很窄的区域内）运行。

同时发动机的选择具有多样性，可以是内燃机，也可以是微型燃气轮机、斯特林发动机等。

串联式混合动力汽车有两种设计理念：

1. 小发电单元+大容量动力电池组合

以电池动力为主要驱动能量的来源，而小型发动机作为车载发电装置用来增加行驶里程。小功率发电单元（即发动机与发电机组成的车载发电装置）用来调节电池存储能量的峰谷。在蓄电池的荷电状态达到设定的下限值时，车载发电装置开始起动并对蓄电池充电。车载发电装置一直工作到蓄电池达到预定的荷电状态上限值为止。

车载发电装置工作时间的长短与电池容量和自身功率大小有关，具有安静环保的优点，同时发动机的燃油消耗和排放性都得到明显的改善。但是采用大容量的电池使成本较高。增程式电动汽车大多采用这种结构。

2. 大发电单元+小电池组合

根据串联式混合动力的特点，通过调节发动机的工作点，使发动机一直工作在效率较高的区域，整车以内燃机能量为主转换为以电能为主。与"小发电单元+大容量动力电池组合"相比，成本降低，续航里程更长，同时可以带动其他附件。

但是，由于发动机比前一种设计更大，所以安静舒适度差，环保效果不如前者。美国的混合动力客车因为强调动力性，所以经常采用这样的结构，以提高驱动能力，同时能够保持与原车相当的燃油经济性。

发动机-发电机组成的车载发电单元所输出的平均功率与蓄电池为满足峰值功率要求而提供的补充功率之间的比例，通常由车辆的应用特点决定，特别要考虑车辆行驶循环的需求。串联式混合动力系统适用于目标和行驶工况相对确定的车辆，例如货物分送车、城市公交车等在城市内频繁起停的车辆。

（二）工作模式

如图 2-2-2 所示，串联式混合动力系统有纯电驱动、纯发动机驱动、混合驱动、行车充电、制动能量回收、电池充电 6 种工作模式。

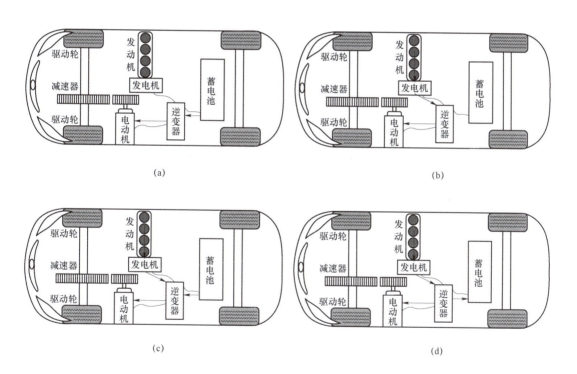

图 2-2-2 串联式混合动力系统工作模式
（a）纯电驱动；（b）纯发动机驱动；（c）混合驱动；（d）行车充电

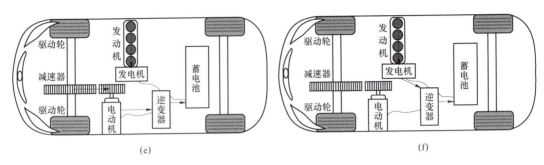

图 2-2-2 串联式混合动力系统工作模式（续）
(e) 制动能量回收；(f) 电池充电

1. 纯电驱动
发动机关闭，车辆从车载电池组中获得电能，驱动车辆前进。

2. 纯发动机驱动
车辆驱动功率来源于发动机-发电机组成的发电单元，这时车载电池组既不供电也不从发电单元获取电能。

3. 混合驱动
驱动电机同时从电池组和发动机-发电机发电单元获取电能，驱动车辆。

串联式混合动力系统的工作模式及特点有哪些？

4. 行车充电
发动机-发电机除向车辆提供行驶所需功率外，还向电池组充电。

5. 制动能量回收
制动能量回收即再生制动能量回收，由牵引电机作为发电机回收减速或制动过程的能量并向电池组充电。

6. 停车充电
牵引电机不接受功率，车辆停驶，发动机-发电机组仅向蓄电池组充电。

实际工作模式需要经过控制策略的优化，在满足动力性能要求的前提下，保护电池的状态和性能，获得更好的燃油经济性和更低的排放量。

（三）系统特点

1. 优点
串联式混合动力汽车具有如下优点：

1) 排放污染小

串联式混合动力汽车以动力电池组内的电能为基本能源来驱动。串联式混合动力汽车采用纯电动驱动时关闭发动机，只用电池组电力驱动汽车，实现"零排放"行驶。发动机-发电机组所发出的电能向动力电池组充电，发动机独立工作在高效率区域用于补充动力电池组的电能或直接供给驱动电机，增加续航里程，减少有害气体排放。

2）驱动形式多样

串联式混合动力汽车可采用电动机驱动系统或轮毂电机驱动系统。根据布置的不同，还可以分为前轮驱动、后轮驱动和四轮驱动等多种驱动形式。

3）布置方便

串联式混合动力汽车只有驱动电动机的电力驱动系统，其特点更加趋近于纯电动汽车。机械机构上因为驱动电机与发电单元没有机械连接，因而布置起来更容易。

2. 缺点

串联式混合动力汽车具有如下缺点：

1）对驱动电机、发电单元和电池的要求高

在串联式混合动力汽车上，驱动电机的功率需要满足汽车在行驶中的最大功率需求，因此驱动电机的功率要求较大，使得电机的体积和质量都较大。由于需求功率的要求，动力电池组的容量要大。需要装置一个较大功率的发动机－发电机组，外形尺寸和质量较大，在中小型串联式混合动力汽车中布置有一定的困难，所以串联式混合动力汽车驱动系统较适合在大型客车上采用。

2）能量转换效率降低

串联式混合动力驱动系统能量通过热能－电能－机械能转换，能量损失较大。

3）对动力电池工作和性能要求更高

驱动电机的功率需要满足汽车在行驶中的最大功率需求，因此驱动电机的功率要求较大，使得电机的体积和质量都较大。

二、并联式混合动力系统的结构及原理

（一）系统结构

并联式结构有内燃机和电动机两套驱动系统。并联式混合动力汽车可以在比较复杂的工况下使用不同的驱动模式，应用范围比较广。并联式结构由于电动机的数量和布置、变速器的类型、部件的数量（如离合器、变速器的数量）和位置关系（如电动机与离合器的位置关系）的不同，具有多种类型。

并联式混合动力系统的结构特点是什么？

根据输出轴的结构不同可划分为两种形式，即单轴式和双轴式。

1. 单轴式并联混合动力系统

如图 2-2-3 所示，发动机通过主传动轴与变速器相连，电动机的转矩通过齿轮与内燃机的转矩在变速器前进行复合，这种形式称为转矩复合。在单轴式结构中，内燃机、电动机和变速器输入轴之间的转速成一定比例关系。

2. 双轴式并联混合动力系统

如图 2-2-4 所示，可以有两套机械变速器：内燃机和电动机各自与一套变速器相连，然后通过齿轮系进行复合。在这种复杂结构中，可以分别通过调节变速比调节内燃机、电动机之间的转速关系，使发动机的工况调节更灵活。

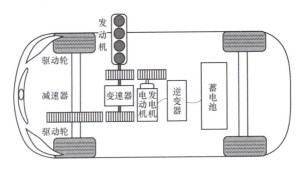

图2-2-3 单轴式并联混合动力系统

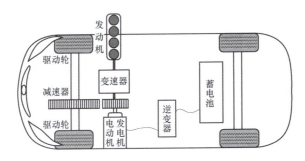

图2-2-4 双轴式并联混合动力系统

当采用行星齿轮机构作为动力耦合机构时,由于行星齿轮机构有两个自由度,可以实现根据两个输入部件的转速复合确定输出轴的转速,而各个部件间的转矩保持一定的比例关系,这种功率复合形式称为转速复合。

(二)工作模式

如图2-2-5所示,并联式混合动力汽车的工作模式主要有以下几种:

1. 纯电驱动

传统车辆起步时发动机效率低,排放差。并联式结构由于增加了一套电驱动系统,在电池电量充足的情况下使用纯电动机起动。

2. 纯发动机驱动

当车辆匀速行驶,发动机可工作在高效区域时,使用纯发动机驱动,可以获得较高的效率。

3. 混合驱动

加速或爬坡工况下车辆需要更大的驱动力,这时两条动力输出路径同时出力,以满足动力要求。此时电动机的能量来自电池组。

4. 行车充电

当发动机输出功率大于路面负荷时,电池组荷电状态未达到最高限值时发动机的多余能量用来带动发电机给电池组充电。

并联式混合动力系统有哪些工作模式?

5. 制动能量回收

车辆减速制动时,电动机作为发电机使用,提供电制动力矩,同时回收电能给电池组充电。

6. 停车充电

若停车前电池组的电量不足,为了保证下一次起动时可以使用纯电动机起动,增加纯电续航里程,可以在停车时利用发动机给电池组充电。

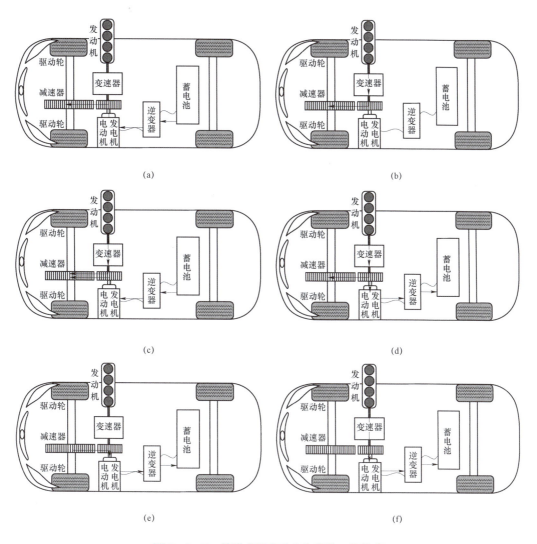

图 2-2-5 并联式混合动力汽车的工作模式

(a) 纯电驱动;(b) 纯发动机驱动;(c) 混合驱动;(d) 行车充电;(e) 制动能量回收;(f) 停车充电

(三) 系统特点

1. 优点

并联式混合动力汽车有如下优点:

1）两条驱动路径并联增加驱动功率

并联式混合动力汽车具有发动机和电动机/发电机（或驱动电机）两套动力系统，增强了混合动力汽车的动力性。

并联式混合动力汽车从发动机到车轮之间的动力传递过程中，除摩擦损耗外，没有机械能→电能→机械能的转换过程，总的能量转换综合效率要比串联式混合动力汽车高。

2）动力元件比串联式混合动力驱动系统更小

由于在车辆需要较大输出功率时，电动机/发电机可以给发动机提供额外的辅助动力，可以选择功率较小的发动机，燃油经济性比串联式混合动力汽车要高，比串联式混合动力汽车的三个动力总成的功率、质量和体积要小很多。

3）储能元件容量要求减小

电动机/发动机的功率根据多能源动力总成匹配的要求，可以选择较小功率的发动机。与此相对应，电动机/发动机的质量和体积较小，与它们配套的动力电池组的容量也较小，这就使整车整备质量大大减小。

4）电动机/发动机根据工况灵活工作

电动机/发动机同时起到起动机和飞轮的作用，可以带动发动机起动，在发动机运转时起飞轮平衡作用，调节发动机动态变化和输出功率，使发动机基本稳定在高效率、低排放的状态下运转。发动机带动电动机/发电机发电，借助所发出的电能向动力电池组充电，从而增加续航里程。

2. 缺点

并联式混合动力汽车具有以下缺点：

1）发动机工作状态受路面行驶工况影响

发动机驱动模式是并联式混合动力汽车的基本驱动模式，发动机的工况会受到并联式混合动力汽车行驶工况的影响，无法一直运行在高效区域，因此发动机排放性能劣于串联式混合动力汽车。

2）相比串联式混合动力汽车结构和布置更复杂

并联式混合动力汽车发动机驱动路径需要配备与内燃机汽车相同的传动系统，包括离合器、变速器、传动轴和驱动器等传动总成，另外还有电动机/发电机、动力电池组，以及动力耦合器等装置，因此并联式混合动力汽车的多能源动力系统结构复杂，布置和控制困难。

三、混联式混合动力系统的结构及原理

（一）系统结构

混联式混合动力系统可以在串联式混合动力模式下工作，也可以在并联式混合动力模式下工作，即两种模式的综合。这就要求有两台电动机、一个比较复杂的传动系统和一个智能化控制系统。

混联式混合动力系统的结构和工作原理是什么？

混联式混合动力系统如图2-2-6所示，其工作原理如下：发动机发出的功率一部分通过功率分流装置（功率分配器），经机械传动系统至驱动轮，另一部分则驱动发电机发电，发出的电能输送给电动机或蓄电池，电动机的力矩同样也可以通过传动系统传送给驱动轮。混联式混合动力系统的一般控制策略是：在汽车低速行驶时，驱动系统主要以串联式工作为主；当汽车高速稳定行驶时，则以并联式为主。

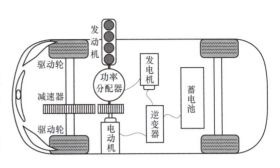

图2-2-6 混联式混合动力系统

混联式混合动力系统的结构形式和控制方式充分发挥了串联式和并联式的优点，能够使发动机、发电机、电动机等部件进行更优化的匹配，在结构上保证了在更复杂的工况下使系统工作在最优状态，因此更容易实现排放和油耗的控制目标。与并联式相比，混联式的动力复合形式更复杂，因此在机械结构和控制方面对动力复合装置提出了更多的要求。目前的混联式结构一般以行星齿轮机构作为动力复合装置。

（二）工作模式

混联式混合动力汽车兼具并联式和串联式混合动力汽车的工作模式，如图2-2-7所示。

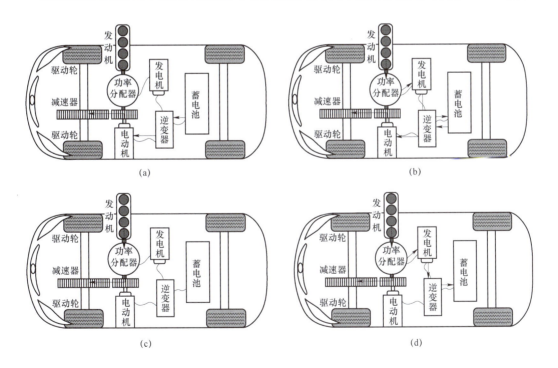

图2-2-7 混联式混合动力系统工作模式
（a）纯电驱动；（b）串联驱动；（c）纯发动机驱动；（d）行车充电

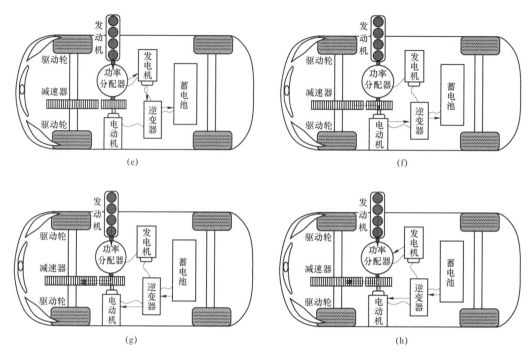

图 2-2-7 混联式混合动力系统工作模式（续）

（e）停车充电；（f）制动能量回收；（g）并联驱动；（h）全加速

1. 纯电驱动

利用电池的电能，通过驱动电机单独驱动汽车行驶。

2. 串联驱动

一是低速区间，大功率驱动工况，如连续爬坡等，此时依照工作状况设定，由电动机驱动，将会消耗大量的电能，需要发动机为电池补足电量；二是电池电能不足，低于预设值，发动机需要为电池及时补充电能。汽车以串联驱动模式行驶时，发动机工作在经济区且输出恒定功率。

3. 纯发动机驱动

此种情况和传统汽车工作状况相同，因此适合于发动机经济转速区域，即此时为巡航车速。

混联式混合动力系统有哪些工作模式？

4. 行车充电

一般工作在发动机中速区域，且此时的发动机动力负荷偏低，效率低。通过这种模式来提高发动机的工作负荷，从而提高发动机的工作效率和为电池补充电能。

5. 停车充电

当电池荷电状态低于设定限值时，采用停车充电模式，发动机在经济区域以输出恒定功率的方式带动 ISG 电机发电，以此为电池补充能量。

6. 制动能量回收

汽车制动时，车轮提供反向扭矩，带动驱动电机来发电，以此回收能量。通过回收制动能量，混合动力汽车能很好地控制油耗和排放。这种模式工作在中高速滑行和制动的工况下。

7. 并联驱动

发动机和电动机同时工作，能提供较大的动力输出，因此这种模式通常适合于工作在中低速加速和高速区。

8. 全加速

发动机、发电机及驱动电机同时驱动。此时，所有的能量都用于驱动汽车，这种模式能获得最大的驱动力，一般用于极限速度行驶、超车等情况。

（三）系统特点

1. 优点

混联式混合动力汽车有如下优点：

1）与串联式混合动力汽车相比动力系统更小，成本降低

混联式混合动力汽车是在并联式混合动力汽车的基础上，再增加电动机/发电机或驱动电机，因此混联式混合动力汽车由三个动力总成组成，三个动力总成以50%～100%的功率驱动车辆，但比串联式混合动力汽车动力总成的功率、质量和体积要小。

2）多种工作模式获得更好的性能

混联式混合动力汽车有多种驱动模式可供选择，包括串联驱动和并联驱动，使发动机的工作状态在多变的工况中可以选择最优的模式。

3）发动机参与驱动减少能量转换损失

发动机驱动模式是混联式混合动力汽车的基本驱动模式之一，从发动机到车轮之间动力传递过程中，除摩擦损耗外，没有机械能→电能→机械能的转换过程，能量转换的综合效率要比内燃机汽车高。

4）纯电行驶降低排放

纯电动机驱动模式也是混联式混合动力汽车的基本驱动模式之一，可以独立驱动车辆行驶，在车辆起动时，发挥电动机低速大转矩的特征，带动车辆起步，实现"零污染"行驶。

2. 缺点

混联式混合动力汽车有如下缺点：

1）发动机参与驱动在特殊工况下排放劣于串联式混合动力汽车

混联式混合动力汽车的动力性能更接近内燃机汽车。发动机的工况会受串联式混合动力汽车行驶工况的影响，发动机的有害气体排放高于串联式混合动力汽车。

2）结构复杂，布置困难

混联式混合动力汽车需要配备两套驱动系统，发动机传动系统需要装置离合器、变速器、传动轴和驱动轮等传动总成。另外，还有电动机/发电机、驱动电机、减速器、动力电池组，以及多能源的动力组合或协调发动机驱动与驱动电机驱动力的专用装置，因此混

联式混合动力汽车的多能源动力系统结构复杂，总布置也更加困难。

3）整车多能源控制系统要求更高、更复杂

多能源动力的匹配和组合有不同的组合形式，只有装配一个复杂的多能源动力总成控制系统，才能达到较高的经济性和"超低污染"的控制目标。

扫描下方"测验二维码"进入资源库平台的在线测验页面。

在线测验

小组成员共同完成该任务，并按任务要求上传至资源库平台（或空间）。

成果提交

混合动力电动汽车将发动机、电动机、能量储存装置（蓄电池）组合在一起，它们之间的良好匹配和优化控制，可充分发挥内燃机汽车和电动汽车的优点，避免各自的不足。混合动力电动汽车有以下几种基本的控制模式。

（一）恒温器式控制模式

当电动汽车蓄电池荷电状态（State of Charge，SOC）降到设定的低门限值时，发动机起动，在最低油耗或排放点按恒功率输出，一部分功率用于满足车轮驱动功率要求，另一部分功率向蓄电池充电。而当蓄电池组 SOC 上升到所设定的高门限值时，发动机关闭，由电动机驱动车轮。在这种模式中，蓄电池组要满足所有瞬时功率的要求，蓄电池组的过度循环所引起的损失可能会减少发动机优化所带来的好处。这种模式对发动机比较有利而对蓄电池不利。

（二）功率跟踪式控制模式

根据电池的 SOC 和负荷确定发动机的开关状态和输出功率的大小，目的是满足设备的功率需求。当发动机功率需求小于输出功率时，将发动机的输出功率调整为最小值；当 SOC 高于下界，汽车总的需求负荷未超出电池容量但超过发动机最大功率时，则发动机输出功率调整为最大值。发动机的功率紧紧跟随车轮功率的变化，这与传统的汽车运行相似。采用这种控制策略，蓄电池工作循环将消失，与充放电有关的蓄电池组损失被减少到最低限度。但发动机必须在从低到高的整个负荷区范围内运行，而且发动机的功率快速而动态地变化，这些都损害了发动机的效率和排放性能。解决的办法是采用自动无级变速传动（Continuously Variable Transmission，CVT）无级变速器，通过调节 CVT 的传动比，控制发动机沿最小油耗曲线运行，这样同时减少了 HC 和 CO 的排放量。

请查阅相关资料，对两种控制模式进行对比分析，并提交分析报告。

任务 2-3　混合动力汽车实训（比亚迪秦）

 任务引入

中国汽车始终坚持高质量发展，从最开始合资品牌全面占领中国市场，到后来自主品牌初步成长，再到今天集体爆发，自主品牌能走到今天，凭借的不仅仅是中国汽车市场的发展红利和政策的扶持，更重要的是自身的专注、踏实与创新，以创新把握时代、引领时代。虽然，从"市场带动自主品牌"到"自主品牌带动市场"的路还很长，但是有技术、市场、政策、经济的四轮驱动，我们相信自主品牌崛起一定会实现，成功实现从汽车大国向汽车强国转变。

本任务以比亚迪秦车型为例进行混合动力汽车实训操作，包括如下内容：

一、比亚迪秦车型认知

外观篇	动力篇	后备厢篇	内饰/配置篇	储物空间篇

二、比亚迪秦基本操作

车辆充电	车辆起动	双擎双模切换	前舱盖开启
座椅位置记忆	灯光操作	空调操作	仪表组

通过本任务实训后，你将能了解比亚迪秦的结构特点，描述出它的主要部件名称及位置、作用，掌握比亚迪秦的基本操作与指示灯识别。

 任务描述

为了更好地完成本次实训任务，需要查阅大量相关资料，了解比亚迪混合动力汽车的发展情况、比亚迪秦推出的基本情况等。

因此，完成本实训任务需要做到以下几点：

（1）完成比亚迪秦车型认知、比亚迪秦基本操作的微课学习。

（2）按照工作页要求，独立完成相关实训操作，将其上传到学习平台，并在学习小组或班上进行简短汇报。

学习目标

● 专业能力
1. 掌握比亚迪秦的结构特点。
2. 认识主要部件的名称及位置、作用。
3. 掌握比亚迪秦的基本操作与指示灯识别。

● 社会能力
1. 树立能源安全和节能环保意识。
2. 强化汇报沟通的能力。
3. 加强小组协同学习的能力。

● 方法能力
1. 通过查询资料完成学习任务，提高资源搜集的能力。
2. 通过完成学习任务，提高解决实际问题的能力。

相关知识

一、比亚迪秦车型认知

1. 外观介绍

比亚迪秦的尺寸分别为 4 740 mm×1 770 mm×1 480 mm，轴距为 2 670 mm。秦的外形方面显得非常前卫和动感，前部采用丰富的线条设计，大灯和 LED 日间行车灯的造型个性化，侧面的整体曲线和线条搭配延续了标准紧凑级车"身材"，尾部采用中央贯穿式设计的尾灯造型，再配合局部犀利的线条，使得整体的动感氛围完全烘托出来。

比亚迪秦——外观

2. 动力介绍

动力方面搭载一台 1.5 T 涡轮增压发动机+电动机的动力组合。1.5 T 涡轮增压发动机的最大功率为 113 kW/5 200 r/min，最大扭矩为 240 N·m/（1 750～3 500 r/min）。电动机的最大功率为 110 kW，最大扭矩为 250 N·m，综合最大功率达到 217 kW。秦采用磷酸铁锂的电池类型，电池容量为 13 kW·h，在纯电行驶状态下，最大续航里程达

比亚迪秦——动力

到 70 km。传动方面，比亚迪秦匹配 6 速双离合变速箱，工信部提供油耗数据为 1.6 L/100 km。秦最厉害的地方就是，它的发动机与电动机加起来的综合最大输出功率达到 217 kW，最大扭矩为 479 N·m，0～100 km/h 加速仅需 5.9 s，最高速度达到 185 km/h，已经接近或达到主流 3.0 T 发动机的水平。

3. 后备厢介绍

由于后排座椅后方存放有电池组，因此占用了部分后备厢空间，官方公布的后备厢容积仅为 300 L，出于电池组安全方面的考虑，无法将后排座椅放倒来加大尾箱储物空间，但是为了绿色环保，做出点空间的牺牲还是值得的。

比亚迪秦——后备厢

4. 储物空间介绍

整体而言，秦储物空间虽然不算丰富，但是基本储物格都有配备，只是个别的空间设计得不够合理，不过满足基本日常需要还是没问题的。

5. 内饰/配置介绍

比亚迪秦的内饰采用了比较前卫的蓝白黑配色，很符合秦的绿色环保概念。在设计和质感上注重科技感的营造，整体给人的感觉非常温馨舒适。方向盘上的功能按键包括蓝牙电话、音响、定速巡航以及 360°全景影像控制按键。中控面板除了基本导航、收音机、蓝牙电话外，还配备 DVD、电视以及比亚迪特有的"云"系统，通过手机安装 APP 软件可以直接远程操作空调、发动机等。

比亚迪秦——储物空间

二、比亚迪秦基本操作

1. 车辆充电

比亚迪秦是一款插电式混合动力车型，在电量不足时可以进行车辆充电。充电口被设计在后备门上，每款车型随车赠送一套充电装置，将一头三孔电路插口插入家用 220 V 电源接口，另一头充电插头插入电动车充电插座即可，充满电需要 6～8 h，非常省心便捷。

2. 双擎双模切换

比亚迪秦的"双擎"指双引擎，发动机与电动机，根据不同驾驶需求，可选择不同的组合驾驶模式。而"双模"是 EV 与 HEV 两种模式，EV 代表纯电驱动，HEV 代表油电混合驱动，ECO 代表经济节油，SPORT（SPT）代表运动加速，MODE 代表模式切换，这就是比亚迪 DM（Dual Mode）二代双擎双模科技。

比亚迪秦——内饰/配置

比亚迪秦——车辆充电

比亚迪秦——双擎双模切换

比亚迪秦——车辆起动

3. 车辆起动

车辆起动前我们要注意些什么？第一点，确认携带智能钥匙，车门已关闭；第二点，确保充电连接装置已经断开，充电口盖和充电口舱门已经关闭。充电口盖未关闭，水或外来物质可能进入充电口端子，影响正常使用。

比亚迪秦——座椅位置记忆

4. 座椅位置记忆

比亚迪秦共有三组座椅位置记忆存储按钮。座椅位置记忆系统由电动座椅、电动外后视镜及电动方向盘三部分组成，与车载电脑结合可实现一键设置，一键操作。

5. 灯光操作

比亚迪秦的灯光信号系统，用于汽车的夜间行车照明和提示汽车的行车状态，是行车安全的重要保证。外部信号灯根据位置的不同，主要分为头部信号灯和尾部信号灯。头部信号灯包括前转向灯、近光灯、远光灯、前位置灯、日间行车灯、前雾灯。尾部信号灯包括高位制动灯、后位置灯、制动灯、后转向灯、倒车灯和后雾灯等。

比亚迪秦——灯光操作

6. 前舱盖开启

前舱盖又称发动机盖，位于车辆前部，正确开启前舱盖是日常检查发动机各油液液位与发动机工作状态的必备条件。

7. 空调操作

汽车空调系统是实现对车厢内空气进行制冷、加热、换气和空气净化的装置，通过调节车内的温度、气流运动等，为乘车人员提供清新舒适的乘车环境，降低驾驶员的疲劳强度，提高行车安全。

比亚迪秦——前舱盖开启　　比亚迪秦——空调操作

8. 仪表组

仪表组如图 2-3-1 所示。

图 2-3-1 仪表组

1—转速表；2—温度；3—车速表；4—功率表；5—电量表；6—时间；7—行车/故障提示信息显示区；
8—工作模式指示；9—里程；10—油量；11—挡位

9. 指示灯/警告灯

指示灯/警告灯如表 2-3-1 所示。

表 2-3-1 指示灯/警告灯

图标	名称	图标	名称
⬅➡	转向指示灯		后雾灯指示灯
	前雾灯指示灯		车门状态指示灯
	小灯指示灯		SRS 故障警告灯
	驾驶员座椅安全带指示灯		机油压力低警告灯
	发动机故障警告灯		智能钥匙系统警告灯
	燃油低警告灯		发动机冷却液温度高警告灯

续表

图标	名称	图标	名称
	巡航主指示灯	SET	巡航控制指示灯
(ABS)	ABS 故障警告灯	(!)	驻车制动故障警告灯
(P)	电子驻车状态警告灯		ESP 故障警告灯
OFF	ESP OFF 警告灯		EPS 故障警告灯
	胎压故障警告灯（装有时）		动力电池充电连续指示灯
	动力系统故障警告灯		动力电池过热警告灯
	动力电池故障警告灯		充电系统警告灯
HEV	混合动力模式指示灯	EV	纯电动模式指示灯
ECO	经济模式指示灯	SPORT	运动模式指示灯
OK	READY 指示灯	⚠	主告警指示灯
	远光灯指示灯	SVS	SVS 警告灯

任务工单

学生姓名		组别		实训成绩	
任务描述	了解比亚迪秦汽车的结构特点，掌握比亚迪秦的基本操作与指示灯识别，完成工作页中的所有问题					
学习目标	通过本任务的学习，能够对比亚迪秦汽车的结构特点有一个初步的了解，能够掌握比亚迪秦的基本操作与指示灯识别					
仪器设备	比亚迪秦教学车辆、座椅三件套、翼子板垫					

续表

操作与要点

实操一：经过相关操作，熟悉钥匙/遥控器的所有功能

1. 利用遥控器进行以下操作

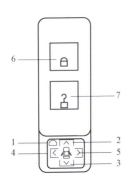

按钮	操作方法	实现功能
1	长按	
2、3、4、5	长按	
6	短按	
	长按	
7	短按	
	长按	

2. 利用机械钥匙打开车门

记录：

实操二：在车上进行操作，熟悉上锁和解除上锁

按压车内的上锁键后，能否开启表格内选项？哪些方法能进行解除上锁？

车外开门	车内开门	后备厢盖	燃油箱盖板

记录：

实操三：在车上进行操作，熟悉后备厢盖操作及便捷进入

记录：

方法1：	
方法2：	
方法3：	

续表

实操四：在车上进行操作，熟悉前座椅记忆设置操作方法
记录：

实操五：在车辆上进行操作，实现电子驻车开关（EPB）的开启和关闭

EPB	操作方法	仪表板上的显示
开启		
解除		

车辆状态	EPB 是否起动或解除
整车熄火或"起动/停止"按钮转至 OFF 挡	
起动车辆，将挡位挂入 D 或 R 行驶挡	

实操六：为防止后排座的儿童误打开车门，请在车辆上进行设置
记录：

实操七：在车辆上进行驾驶模式切换操作，记录按键的功能与操作方法
记录：

名称	功能	操作方法
EV		
HEV		
EV–ECO		
EV–SPORT		
HEV–ECO		
HEV–SPORT		

续表

实操八：在车辆上选择电台收听广播节目，调出已储存的频率，记录其步骤
记录：

实操九：在车辆上进行操作，熟悉空调面板控制按钮操作

按键名称	功能
手动	
自动	
内外循环	
温度调节	
关闭	
前除霜	
电除霜	
送风模式	

实操十：操作导航系统，找到"株洲市神龙公园"，并存储其线路
记录：

续表

实操十一：在车辆上进行组合开关杆的操作，熟悉车灯功能并记录操作方法

功能	操作方法
所有灯光都关闭	
自动控制小灯和近光灯	
小灯开启	
近光灯开启	
前雾灯开启	
后雾灯开启	
远光灯点亮	
超车灯点亮	
左转向工作指示灯闪烁	
右转向工作指示灯闪烁	

实操十二：在车辆上进行车辆充电操作，记录操作步骤与注意事项
记录：

实操十三：在车辆上观察车辆仪表各区域的显示，记录其作用

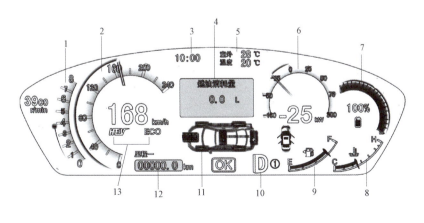

续表

序号	名称	作用
1		
2		
3		
4		
5		
6		
7		
8		
9		
10		
11		
12		
13		

实操十四：在车辆上观察车辆仪表各区域的显示，记录其指示标识的含义

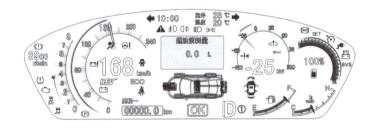

指示标识	含义	指示标识	含义	指示标识	含义
←→		SVS		≡D	
雾灯		燃油		近光	
远光		限速		后备箱	
安全带		ABS		安全气囊	

续表

指示标识	含义	指示标识	含义	指示标识	含义
🔧		🛢️		⊣∣⊢	
🌡️		SET		(!)	
(P)		👥OFF		(!)胎压	
🔋!		🔌		✈️	
⊘!		👥		🔋♨	
🔋		HEV		EV	
ECO		SPORT		OK	

实训总结	您可以从<u>收获</u>、<u>问题与困难</u>、<u>建议</u>三个方面进行总结：

 成果提交

小组成员共同完成该任务，并按任务要求上传至资源库平台（或空间）。

成果提交

项目三

纯电动汽车

作为新能源汽车的翘楚,纯电动汽车正在走进人们的视野。据数据显示,2016年我国新能源汽车销售50.7万辆,其中纯电动汽车销量为40.9万辆,比上年同期增长65.1%。纯电动汽车背靠新能源概念,而其兴起可以说完全契合了社会的发展需求。我国汽车业起步慢,技术相对其他欧美国家还比较落后,目前市场上日系、美系和德系车仍然是主流,未来我国要想争抢汽车市场,纯电动汽车必然是汽车企业弯道超越的好机会。

本项目主要是学习纯电动汽车的基本结构和工作原理,包括"初识纯电动汽车""分析纯电动汽车电池""分析纯电动汽车的电机"三个任务,通过学习和训练,将掌握纯电动汽车总体构成、分类,以及纯电动汽车的电池和电机的基本工作原理。同时,还要查阅大量资料,掌握调研的一些方法,具备制作简要报表或汇报 PPT 的技能。

任务 3-1　初识纯电动汽车

任务引入

自 2015 年以来，国家有关新能源车的政策层出不穷：先是政策补贴滑坡（但对于续航超过 250 km 的纯电动车补贴却略有提升），紧接着北京市政府又陆续推出了充电服务费标准的通知和不限行的相关政策，上海也出台了《上海市电动汽车充电设施建设管理暂行规定》，而国家也将对使用新能源车船免征车船税。一系列政策的推出，或对市场有所刺激，或让行业人士更加客观地看待新能源车市场的发展。但不管怎样，国家支持新能源车市场发展的决心是前所未见的。而在一系列利好政策的刺激下，新能源车企也不断加大新技术的投入力度以及充电基础设施的建设。从目前来看，新能源车特别是纯电动车的未来似乎很美好。本任务就是学习纯电动汽车的概念、特点及分类，纯电动汽车的结构和原理等基本知识。

任务描述

通过本任务的学习，初步认识纯电动汽车。为了加强认识，请你选择完成如下任务之一：

可选任务一：广泛查阅资料，进一步掌握纯电动汽车开发面临的问题，做一个 PPT 汇报稿，上传到学习平台，并在学习小组或班上进行简短汇报。

可选任务二：选择你所在地的一家整车制造企业，就这个企业目前新能源汽车开发现状以及未来的战略，做一个 PPT 汇报稿，将其上传到学习平台，并在学习小组或班上进行简短汇报。

可选任务三：选择一种纯电动汽车（如北汽 EV150、特斯拉等），通过查阅资料了解其技术发展现状，做一个 PPT 汇报稿，将其上传到学习平台，并在学习小组或班上进行简短汇报。

项目三 纯电动汽车

学习目标

- **专业能力**
1. 能够掌握纯电动汽车的概念、特点及分类。
2. 能够理解纯电动汽车的结构与原理。
3. 能够理解纯电动汽车的布置及参数。
- **社会能力**
1. 树立能源安全和节能环保意识。
2. 强化汇报沟通的能力。
3. 加强小组协同学习的能力。
- **方法能力**
1. 通过查询资料完成学习任务，提高资源搜集的能力。
2. 通过制作PPT汇报稿，提升制作PPT简报的能力。
3. 通过完成学习任务，提高解决实际问题的能力。

相关知识

一、纯电动汽车的概念、特点和分类

（一）纯电动汽车的概念及特点

纯电动汽车（Electric Vehicle，EV）是指以车载电源为动力，用电机驱动车轮行驶，符合道路交通、安全法规各项要求的车辆。

纯电动汽车的概念必须与新能源汽车的概念相区别，不能混淆。

纯电动汽车的发展和分类

新能源汽车是采用非常规的车用燃料（指汽油、柴油、天然气、液化石油气、乙醇汽油、甲醇、二甲醚之外的燃料）作为动力来源，或使用常规的车用燃料，但是采用新型车载动力装置，综合车辆的动力控制和驱动方面的先进技术形成的技术原理先进，具有新技术、新结构的汽车。显然，新能源汽车的定义范畴较大，其包含了纯电动汽车。

纯电动汽车的优点有：

1）无污染，噪声小

众所周知，传统汽车由于采用内燃机作为动力来源，产生的汽车废气中含有 CO、NO_x、碳氢化合物、微粒等有害物质。而纯电动汽车由于采用电动机而非内燃机，所以在工作时不会产生废气，对环境保护和空气的洁净是十分有益的，可以说是"零污染"。这些研究表明，同样的原油经过粗炼，送至电厂发电，充入电池，再由电池驱动汽车，其能量利用效率比经过精炼变为汽油，再经汽油机驱动汽车要高，因此有利于节约能源和减少二氧化碳的排放。

2）结构简单，维修方便

纯电动汽车相较于传统内燃机汽车结构简单，运转、传动部件少，维修保养工作量小，更重要的是纯电动汽车操纵更简单。

3）能量转换效率高

纯电动汽车由于采用电机驱动，且电机可在电动机/发电机两种状态转换，故可回收制动、下坡时的能量，提高能量利用效率。纯电动汽车的研究表明，其能源效率已超过汽油机汽车。特别是在城市运行，汽车走走停停，行驶速度慢，纯电动汽车更加适宜。纯电动汽车停车时不消耗电量，在制动过程中，电动机可自动转化为发电机，实现制动减速时能量的再利用。

4）削峰填谷

对于电网来说，白天处于用电高峰期，而夜间处于用电低谷期。纯电动汽车可在夜间利用电网的廉价"谷电"进行充电，避开用电高峰期，起到平抑电网的峰谷差的作用，有利于电网均衡负荷，减少费用。

（二）纯电动汽车的分类

纯电动汽车是以电池为储能单元，以电动机为驱动系统的车辆。通常地，容量型动力电池即可满足使用要求。纯电动汽车的特点是结构相对简单，生产工艺相对成熟；缺点是充电速度慢，续航里程短，因此适合于行驶路线相对固定、有条件进行较长时间充电的车辆。

1. 按驱动形式分类

按动力驱动控制系统结构形式不同，纯电动汽车可以分为以下几类：

（1）直流电动机驱动的电动汽车。该电动汽车采用直流电动机作为驱动装置，具有调速性能好、起动性能好、控制较为简单及价格便宜等优势。但同时也有效率较低、维护工作量大的缺点。

（2）交流电动机驱动的电动汽车。该电动汽车采用交流电动机作为驱动装置，具有结构简单、运行可靠、过载能力强及使用、安装、维护方便等优点。目前被较多地应用在纯电动汽车上。

（3）双电动机驱动的电动汽车。将电动机装到驱动轴上，直接由电动机实现变速和差速转换，这种传动方式同样对电动机有较高的要求，要求有大的起动转矩和后备功率。同时，这种方式要求控制系统不但要有较高的控制精度，而且要具备良好的可靠性，从而保证纯电动汽车行驶的安全、平稳。

（4）电动轮电动汽车。电动轮纯电动汽车的最大特点是将动力、传动和制动装置都整合到轮毂内，因此将电动车辆的机械部分大大简化。

2. 按使用的电池类型分类

按使用的电池类型不同，纯电动汽车可以分为以下几类：

（1）铅酸电池电动汽车。这种电动汽车采用最常见的铅酸电池作为电源，主要优点是电压稳定、价格便宜，但同时也存在着使用寿命短、电池的续航能力较低等缺点。

（2）镍氢电池电动汽车。这种电动汽车采用镍氢电池作为电源，具有功率性能好、低温性能好、循环寿命长等优点，缺点是电池比能量较低、高温充电性能差。

（3）锂离子电池电动汽车。这种电动汽车采用锂离子电池作为电源，主要优点是能量大、循环寿命长、安全性能好；缺点是成本高，必须有特殊的保护电路，以防止过充或过放。同优点相比，这些缺点不成为主要问题。

（4）燃料电池电动汽车。燃料电池电动汽车与普通电动汽车基本相同，主要区别在于动力电池的工作原理不同，即通过电化学反应将化学能转化为电能，这实际上就是电解水的逆过程，即通过氢氧的化学反应生成水并释放电能。

此外，目前研究应用的还有使用镍镉电池、钠硫电池、飞轮电池、太阳能电池等的纯电动汽车。

纯电动汽车的结构与原理

二、纯电动汽车的结构与原理

纯电动汽车主要由电力驱动系统、电源系统和辅助系统三部分组成。典型的纯电动汽车组成框图如图3-1-1所示。

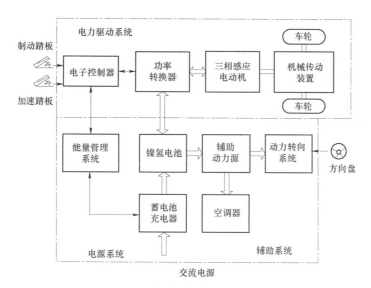

图3-1-1 典型的纯电动汽车组成框图

当汽车行驶时，由蓄电池输出电能（电流），通过控制器驱动电动机运转，电动机输出的转矩经传动系统带动车轮前进或后退。纯电动汽车续航里程与蓄电池容量有关，蓄电池容量受诸多因素限制。要提高一次充电续航里程，必须尽可能地节省蓄电池的能量。

1. 电力驱动系统

电力驱动系统主要包括电子控制器、功率转换器、三相感应电动机、机械传动装置和车轮等。它的功用是将存储在蓄电池中的电能高效地转化为车轮的动能，并能够在汽车减速制动时，将车轮的动能转化为电能充入蓄电池。

纯电动汽车应用较多的电动机有直流电动机和交流电动机两大类。纯电动汽车的驱动系统采用直流电动机时，虽然在结构上有许多独到之处，如不需要离合器、变速器，并具有起步加速牵引力大、控制系统较简单等优点，但它的整个动力传动系统效率低，所以逐渐被其他驱动类型的电动机替代。纯电动汽车使用的交流电动机驱动系统，突出优点是体积和质量小、效率高、调速范围宽和基本免维护等，但其制造成本较高。随着电力电子技术的进一步发展，成本将逐步降低，采用这类驱动系统的纯电动汽车将具有强大的生命力。

纯电动汽车控制系统的性能直接影响着汽车的性能指标。该控制系统控制汽车在各类工况下的行驶速度、加速度和能源转换情况。它类似于燃油汽车的加速踏板和变速器，包括电动机驱动器、控制器及各种传感器，其中最关键的是电动机逆变器。

电动机不同，控制器也有所不同。控制器将蓄电池直流电逆变成交流电后驱动交流电动机，电动机输出的转矩经传动系统驱动车轮，使纯电动汽车行驶。

2. 电源系统

电源系统主要包括电源、能量管理系统和充电机等。它的功用是向电动机供电、监测电源使用情况以及控制充电机向蓄电池充电。

纯电动汽车的常用电源有铅酸电池、镍镉电池、镍氢电池、锂离子电池等。

纯电动汽车和混合动力电动汽车的能量管理不同，纯电动汽车主要是指电池管理系统，它的主要功用是对电动汽车用电池单体及整组进行实时监控、充放电、巡检、温度监测等。

3. 辅助系统

辅助系统主要包括辅助动力源、空调器、动力转向系统、导航系统、刮水器、收音机以及照明和除霜装置等。辅助系统除辅助动力源外，其余的依据车型不同而不同。

辅助动力源主要由辅助电源和 DC/DC 功率转换器组成。它的功用是向动力转向系统、空调器及其他辅助设备提供动力。

三、纯电动汽车的布置及参数

（一）纯电动汽车的布置

电动汽车的驱动系统是电动汽车的核心部分，其性能决定着电动汽车运行性能的好坏。纯电动汽车的驱动系统布置取决于电动机驱动系统的方式，可以有多种多样的形式。常见的驱动系统布置形式如图 3-1-2 所示。

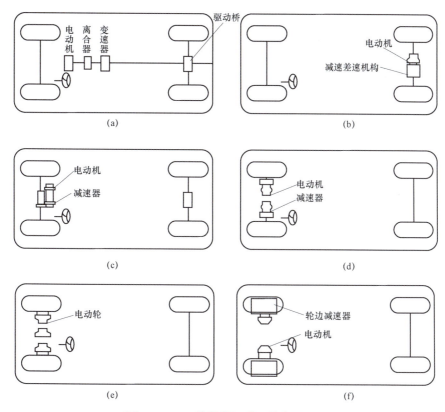

图 3-1-2 常见的驱动系统布置形式

（a）电动机轴与驱动轴相互垂直；（b）整体驱动桥式；（c）电动机轴与驱动轴相互平行；
（d）双电动机整体驱动桥式；（e）直流驱动式电动轮；（f）带轮边减速器电动轮

（1）第1种与传统汽车驱动系统的布置方式一致，带有变速器和离合器。只是将发动机换成电动机，属于改造型电动汽车。这种布置可以提高电动汽车的起动转矩，提高低速时电动汽车的后备功率。

（2）第2种取消了离合器和变速器。优点是可以沿用当前发动机汽车中的动力传动装置，只需要一组电动机和逆变器。这种方式对电动机的要求较高，不仅要求电动机具有较高的起动转矩，而且要求具有较大的后备功率，以保证电动汽车的起动、爬坡、加速超车等动力性。

（3）第3种布置方式是将电动机装到驱动轴上，直接由电动机实现变速和差速转换。这种传动方式同样对电动机有较高的要求，要有大的起动转矩和后备功率，同时不仅要求控制系统有较高的控制精度，而且要求其具备良好的可靠性，从而保证电动汽车行驶的安全、平稳。

（4）第4种布置方式与第3种布置方式比较接近，将电动机直接装到驱动轮上，由电动机直接驱动车轮行驶。

（二）纯电动汽车的相关技术

1. 电动机及控制技术

纯电动汽车的驱动电机属于特种电动机，是纯电动汽车的关键部件。要使纯电动汽车具有良好的使用性能，驱动电机应具有较宽的调速范围及较高的转速、足够大的起动转矩，体积和质量小、效率高且有动态制动强和能量回馈的性能。纯电动汽车所用的电动机正在向大功率、高转速、高效率和小型化方向发展。随着电动机及驱动系统技术的发展，控制系统趋于智能化和数字化。变结构控制、模糊控制、神经网络控制、自适应控制，以及专家系统、遗传算法等非线性智能控制技术，都将应用于纯电动汽车的电动机控制系统。它们的应用将使系统结构简单、响应迅速、抗干扰能力强，参数变化具有鲁棒性，可大大提高整个系统的综合性能。

纯电动汽车的布置及参数

纯电动汽车再生制动控制系统可以节约能源、提高续航里程，具有显著的经济价值和社会效益。再生制动还可以减少汽车制动片的磨损，降低车辆故障率及使用成本。

2. 电池及管理技术

电池是纯电动汽车的动力源泉，也是一直制约纯电动汽车发展的关键因素。纯电动汽车需要所用电池比能量高、比功率大、使用寿命长，但目前的电池能量密度低，电池组过重，续航里程短，价格高，循环寿命有限。

纯电动汽车车用动力蓄电池经过 3 代的发展，已取得突破性的进展。第 1 代是铅酸电池，由于其比能量较高、价格低和能高倍率放电，是目前唯一能大批量生产的纯电动汽车用电池。第 2 代是碱性电池，主要有镍镉、镍氢、钠硫、锂离子和锌空气等多种电池，其比能量和比功率都比铅酸电池高，因此大大提高了纯电动汽车的动力性能，延长了其续航里程，但其价格比铅酸电池高。只要能采用廉价材料，纯电动汽车锂离子电池将获得长足的发展，目前关键是要降低批量化生产的成本，提高电池的可靠性、一致性及寿命。第 3 代是以燃料电池为主的电池。燃料电池能量转变效率、比能量和比功率都较高，并且可以控制反应过程，能量转化过程可以连续进行，因此是理想的汽车用电池。

电池组性能直接影响整车的加速性能、续航里程以及制动能量回收的效率等。电池的成本和循环寿命直接影响车辆的成本和可靠性，所有影响电池性能的参数必须得到优化。纯电动汽车的电池在使用中发热量很大，电池温度影响电池电化学系统的运行、循环寿命和充电可接受性、功率和能量、安全性和可靠性，所以，为了达到最佳的性能和寿命，需将电池包的温度控制在一定范围内，减小包内不均匀的温度分布以避免模块间的不平衡，以此避免电池性能下降，且可以消除相关的潜在危险。由于电池包的设计既要密封、防水、防尘、绝缘等，又要考虑气流流畅分布、均匀散热，所以电池包的散热通风设计成为电动车研究的一个重要领域。

3. 整车控制技术

新型纯电动汽车整车控制系统是两条总线的网络结构，即驱动系统的高速 CAN 总线和车身系统的低速总线。高速 CAN 总线每个节点为各子系统的 ECU。低速总线按物理位置设置节点，基本原则是基于空间位置的区域自治。

实现整车网络化控制，其意义不只是解决汽车电子化中出现的线路复杂和线束增加问题，网络化实现的通信和资源共享能力成为新的电子与计算机技术在汽车上应用的一个基础，同时也为 X–by–Wire 技术提供了有力的支撑。

4. 整车轻量化技术

整车轻量化技术始终是汽车技术重要的研究内容。纯电动汽车由于布置了电池组，整车质量增加较多，轻量化问题更加突出。可以采取以下措施减小整车质量：

（1）通过对整车实际使用工况和使用要求的分析，对电池的电压、容量、驱动电机功率、转速和转矩、整车性能等车辆参数进行整体优化，合理选择电池和电动机参数。

（2）通过结构优化和集成化、模块化优化设计，减小动力总成、车载能源系统的质量。这里包括对电动机及驱动器、传动系统、冷却系统、空调和制动真空系统的集成和模块化设计，使系统得到优化；对电池、电池箱、电池管理系统、车载充电机组成的车载能源系统的合理集成和分散，实现系统优化。

（3）积极采用轻质材料，如电池箱的结构框架、箱体封皮、轮毂等采用轻质合金材料。

（4）利用 CAD 技术对车身承载结构件（如前后桥，新增的边梁、横梁）进行有限元分析研究，用计算和试验相结合的方式实现结构最优化。

（三）纯电动汽车的参数

纯电动汽车动力传动系统的设计应该满足车辆对动力性能和续航里程的要求。车辆行驶的动力性能可以用以下四个指标来评价：

（1）起步加速性能。车辆在设定时间内由静止加速到额定车速或走过预定距离的能力。

（2）以额定车速稳定行驶的能力。对纯电动汽车来说，蓄电池和电动机应该能够提供车辆以额定车速稳定行驶的全部功率，并且根据我国的道路状况至少能克服坡度为3%的路面阻力。

（3）以最高车速稳定行驶的能力。在纯电动汽车上，电动机发出的功率应该能够维持车辆以最高车速行驶。

（4）爬坡能力。纯电动汽车能以一定的速度行驶在一定坡度的路面上。另外，纯电动汽车的蓄电池所输出的电能和电量应该能够维持纯电动汽车在一定工况下行驶额定的里程。

扫描下方"测验二维码"进入资源库平台的在线测验页面。

在线测验

小组成员共同完成该任务,并按任务要求上传至资源库平台(或空间)。

成果提交

特斯拉公司

全球豪华智能电动汽车行业的领导者特斯拉汽车公司,于2003年在美国硅谷成立,致力于通过最新的技术加速人类社会向可持续交通迈进。特斯拉纯电动汽车降低了全球交通对不可再生能源的依赖,并真正实现了零排放。与此同时,特斯拉电动汽车在质量、安全和性能方面均达到一定标准,并提供融合最尖端技术的"空中升级"等服务方式和完备的充电解决方案,为人们带来了美好的驾乘感受和最完备的拥有体验。特斯拉公司还为包括丰田和奔驰在内的合作伙伴生产提供电动汽车动力总成部件。特斯拉公司的目标是逐步普及电动汽车,并相信其每一位顾客在感受极致驾乘体验的同时,也为推动世界向可持续交通迈进贡献了一份重要力量。此外,特斯拉通过生产储能设备,推动能源行业清洁化,并让更多家庭以更低价格享受电能。

了解特斯拉公司

特斯拉以极具创新力的精神赢得了广泛认可,先后荣登美国麻省理工学院(MIT)《技术评论》杂志评选的2015"全球50家最具智慧公司"榜首,以及福布斯2015"全球最具创新力企业"榜首。

自2014年4月向中国第一批车主交付Model S以来,特斯拉在中国利用互联网搭建了一个提供自助试驾、预订及个性化定制服务的直销平台,同时依托各地官方直营体验中心和服务电话为顾客提供创新性的服务。特斯拉现已在北京、上海、杭州、深圳、成都、西安和香港7个城市建成了十多个体验店和服务中心,同时持续不断地建设充电设施。目前,特斯拉为其95%以上的车主安装了家用充电桩,在中国几十个城市建成了数百座超级充电桩,在全国近百个城市建成超过1400个目的地充电桩,并且这一规模仍在不断增长。中国已成为特斯拉在美国本土之外拥有充电设施最多的国家。作为全球电动汽车行业的领导者和开拓者,特斯拉积极携手中国各地区政府、机构和合作伙伴,为推动中国新能源汽车产业基础设施的建设、发展和生态圈的建立做出不懈的努力。

任务 3-2　分析纯电动汽车电池

任务引入

随着"十三五"规划中有关电动汽车产业发展的各项规划与政策不断落实，电动汽车市场化发展的春风正扑面而来。不过，与传统燃油车相比，电动汽车的市场化过程目前还面临一些瓶颈。"十三五"期间，我们应紧紧依靠先进技术来破解这些瓶颈。其中，动力电池是电动汽车关键核心部件之一，发挥动力电池先进技术的优势，将有利于电动汽车产业的健康发展。

动力电池及系统的成本在整车的成本中占比最高，因此，动力电池系统的成本直接关系到电动汽车的整车成本，发挥动力电池及系统技术优势，配合整车的技术进步，可以实现其成本的大幅下降。本任务就是学习纯电动汽车电池的相关知识，包括铅酸电池、锂离子电池、镍氢电池、超级电容、飞轮储能器、动力电池的冷却、功率转换器。

任务描述

什么是车辆的动力电池？它有哪些种类？各种类型都有哪些优缺点？它的基本工作原理又是什么样的呢？

通过本任务的学习，你将初步认识纯电动汽车电池，为了加强认识，请选择完成如下任务之一：

可选任务一：广泛查阅资料，进一步了解纯电动汽车电池开发面临的问题，做一个 PPT 汇报稿，上传到学习平台，并在学习小组或班上进行简短汇报。

可选任务二：选择你所在地的一家电池制造企业（例如，湖南可以选择神舟科技股份有限公司、科力远新能源股份有限公司等），就这个企业目前新能源汽车电池的开发现状以及未来的战略做一个 PPT 汇报稿，将其上传到学习平台，并在学习小组或班上进行简短汇报。

可选任务三：选择一种纯电动汽车电池（如北汽 EV150 的普莱德的磷酸铁锂、特斯拉 18650 电池等），通过查阅资料了解其技术，做一个 PPT 汇报稿，将其上传到学习平台，并在学习小组或班上进行简短汇报。

项目三 纯电动汽车

学习目标

- **专业能力**
1. 能够掌握铅酸电池的结构原理和特点。
2. 能够理解锂离子电池的结构原理和特点。
3. 能够理解镍氢电池的结构原理和特点。
- **社会能力**
1. 树立能源安全和节能环保意识。
2. 强化汇报沟通的能力。
3. 加强小组协同学习的能力。
- **方法能力**
1. 通过查询资料完成学习任务,提高资源搜集的能力。
2. 通过制作PPT汇报稿,提升制作PPT简报的能力。
3. 通过完成学习任务,提高解决实际问题的能力。

相关知识

一、铅酸电池

(一)铅酸电池概述

铅酸电池是1859年由法国人普兰特发明的,至今已有一百多年的历史。铅酸电池自发明以后,在化学电源中一直占有绝对优势。这是因为其具有价格低廉、原材料易于获得、使用上有充分的可靠性、适用于大电流放电及广泛的环境温度范围等优点。在此主要针对电动道路车辆所用的铅酸电池予以介绍。

铅酸电池

铅酸电池的定义:电极主要由铅及其氧化物制成,电解液是硫酸溶液的一种蓄电池。在放电状态下,正极主要成分为二氧化铅,负极主要成分为铅;在充电状态下,正负极的主要成分为硫酸铅。其主要优点是电压稳定、价格便宜。铅酸电池的单体电压是2 V,但一般铅酸电池会把多个单体做在一个外壳中成为一个电池组。常见的电压有6 V、12 V、24 V。其缺点是比能量低、使用寿命短和日常维护频繁。老式的普通蓄电池寿命一般在2年左右,而且需定期检查电解液的高度并添加蒸馏水。不过,随着科技的发展,普通蓄电池的寿命变得更长,而且维护也更加简单。

铅酸电池最明显的特征是其顶部有若干个可拧开的塑料密封盖,上面还有通气孔,如图3-2-1所示。

这些密封盖是用来加注、检查电解液和排放气体的。从理论上说,铅酸电池需要在每次保养时检查电解液的高度，如果有缺少需添加蒸馏水。

随着蓄电池制造技术的升级，铅酸电池发展为免维护铅酸电池，铅酸电池使用中无须添加电解液或蒸馏水。其主要是利用充电和放电达到水分解循环。铅酸电池大多用于电动三轮车，而免维护铅酸电池应用范围更广，包括不间断电源、电动车。铅酸电池根据应用需要分为恒流放电和瞬间放电两类。

（二）铅酸电池的结构

铅酸电池是蓄电池的一种，它主要由正极板、负极板、电解液、容器、极柱、隔板、可导电的物质组成，如图 3-2-2 所示。

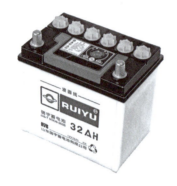

图 3-2-1 汽车用铅酸电池

图 3-2-2 铅酸电池结构

1. 正极板（正极活性物质）

正极活性物质的主要成分是二氧化铅。其具有较强的氧化性，放电时，与硫酸发生反应生成硫酸铅，并吸收电子。

2. 负极板（负极活性物质）

在铅酸电池里，为了使负极活性物质能够充分与电解液发生反应，将铅制成多孔海绵状，又称为海绵铅。在放电时，铅失去电子形成 Pb^{2+}，与溶液中的 SO_4^{2-} 结合生成硫酸铅；在充电时，部分硫酸铅首先溶解成 Pb^{2+} 与 SO_4^{2-}。Pb^{2+} 接受电子还原成铅进入负极活性物质晶格。

3. 电解液

硫酸是铅酸电池电解液中的重要原材料之一。市场上的浓硫酸一般分为两种：一种是工业用浓硫酸，纯度较低，不适用于铅酸电池；另一种是纯度较高的浓硫酸，较适用于铅酸电池。硫酸的分子量为 98，浓硫酸中硫酸含量为 98%，是无色透明油状液体，具有较强的吸水性和腐蚀性，与水结合后，可放出大量的热。所以在配制电解液的过程中，一定要注意防护，以免出现危险。在配制时，千万不要把水放入浓硫酸中，而应将浓硫酸缓慢加入水中。在铅酸电池电解液的配制过程中，对水的要求较高，水中含杂质的多少直接影响电池的质量。铅酸电池用水外观是无色透明的，残渣含量应小于 0.01%。一般检验水的标准用电阻率或电导率来表示，比较简单的方法是将挡位拨至 20 MΩ处，使万用表两支表笔相距 1 cm，测出水的电阻值在 5～10 MΩ即可。

4. 隔板

隔板也是铅酸电池的主要组成部分之一,其质量对电池影响很大。隔板的主要功能是防止电池正负极短路。在蓄电池中对隔板的要求是:采用多孔质隔板,允许电解液自由扩散和离子迁移,要有比较小的电阻,隔板孔径要小;空隙总面积要大,要防止脱落的活性物质到达对方的极板。总之,隔板的孔径要小,孔数要多。铅酸电池一般使用胶质隔板。

5. 电池外壳

电池外壳是铅酸电池的"保护衣"。由于铅酸电池的工作环境是强酸性的,故其外壳必须耐酸性强,且兼具机械强度。电动汽车用的蓄电池外壳使用的材质是由合成树脂经特殊处理制成的,其机械强度特别高,上盖亦使用相同材质,才能在恶劣的环境中正常使用。

(三) 铅酸电池的工作原理

铅酸电池充、放电化学反应的原理方程式如下:

正极:$PbO_2 + 2e^- + SO_4^{2-} + 4H^+ = PbSO_4 + 2H_2O$

负极:$Pb - 2e^- + SO_4^{2-} = PbSO_4$

总反应:$Pb + PbO_2 + 2H_2SO_4 = 2PbSO_4 + 2H_2O$

从以上的化学反应方程式中可以看出,铅酸电池在放电时,正极的活性物质二氧化铅和负极的活性物质金属铅都与硫酸电解液反应,生成硫酸铅,在电化学上把这种反应叫作"双硫酸盐化反应"。在铅酸电池刚放电结束时,正、负极活性物质转化成的硫酸铅是一种结构疏松、晶体细密的结晶物,活性程度非常高。在铅酸电池的充电过程中,正、负极疏松细密的硫酸铅在外界充电电流的作用下会重新变成二氧化铅和金属铅,蓄电池又处于充足电的状态。正是这种可逆转的电化学反应,才使蓄电池实现了储存电能和释放电能的功能,如图 3-2-3 所示。

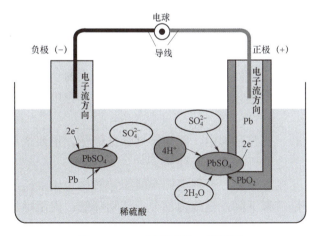

图 3-2-3 铅酸电池工作原理

从上面化学反应方程式可以看出，当铅酸电池放电时，电解液中的硫酸不断减少，水逐渐增多，溶液相对密度下降；当铅酸电池充电时，电解液中的硫酸不断增多，水逐渐减少，溶液相对密度上升。故在实际工作中，可以根据电解液相对密度的变化来判断铅酸电池的充电程度。

人们在日常使用中，通常使用蓄电池的放电功能，把充电阶段作为对蓄电池的维护时段。铅酸电池在充足电的情况下可以长时间保持电池内化学物质的活性，而在铅酸电池放出电以后，如果不及时充足电，电池内的活性物质很快就会失去活性，使铅酸电池内部产生不可逆的化学反应。所以，无论是电动车电池还是其他用途的铅酸电池，一般生产厂家都会要求使用者对铅酸电池充足电保存，并定期对电池补充电。

（四）铅酸电池的正确使用与维护

随着蓄电池使用次数的增加，放电容量会不断减少，而由于人们对电池的使用要求不同，所以报废标准也不相同。一般来讲，正常使用的电池，容量低于额定容量60%，即报废电池，需要维护或维修。电池制造条件、使用方式的差别最终会导致其报废的原因也各不相同，归纳起来有以下几种：① 正极板的腐蚀变形；② 正极板活性物质软化脱落；③ 不可逆的硫酸盐化；④ 容量过早损失；⑤ 热失控。其中不可逆的硫酸盐化是导致电池失效报废的最常见原因。

铅酸电池维护

在充电过程中，水的丢失（电离、电解蒸发）影响硫酸铅转化为活性物质，而硫酸铅本身难溶于水，当硫酸铅在一定时间不能转化为活性物质时，就会形成粗大的结晶体。这种结晶体阻碍了电池的正常工作，一部分多余的电能不能正常地转化为化学能，因而转化为热能，更加重了水的丢失，从而形成了恶性循环。当这个循环达到一定程度时，电池容量下降，严重时热量越来越大，电池内压增加，进而变形。因此，科学的维护和保养是延长电池使用寿命的最经济有效的方法。具体使用注意事项如下：

（1）对于铅酸电池的使用和维护来说，掌握正确的充电方式非常关键。首先要选好充电器（建议使用组合脉冲充电机），充电器指标有输出电压、充电电流、调停点等。夏天天气较热，应选择调停点较低的充电器；冬天则反之。

（2）要注意勤充电，不要等电用尽了再充。刚放电的电池，硫酸铅容易溶解并转化为活性物质。一旦放置一段时间，硫酸铅很容易形成粗大的结晶体，造成不可逆的硫酸盐化。此外，还要注意定期进行深循环，即把电用尽后再充电，防止电池发生钝化，一般一个月进行一次。

（3）在电池的运输、安装过程中，严禁摔打牵拉极柱。不要把正负两个极柱短路。不同容量、不同性能的电池不要在一起使用。

（4）冬天充电时要注意保温，否则电能不能正常转化为化学能，充不满电。当电解液温度降低时，硫酸铅溶解下降，电池内部分子活动降低，内阻增加。此时充电，不等充足，充电器就会跳停，用户误以为充满了，继续使用。这样会使硫酸铅晶体变大，形成不可逆的硫酸盐化。

二、锂离子电池

（一）锂离子电池概述

自 20 世纪 90 年代推出以来，锂离子电池便以其优越的性能得到了广泛的应用和迅猛的发展，成为手机、笔记本电脑以及数码相机（DC）和数码摄像机（DV）等便携式设备用电池的首选。据日本矢野经济研究所分析，便携式设备用锂离子电池在 2012 年的全球产量达到 37.7 亿只。

锂离子电池

随着锂离子电池安全性、性价比的逐渐提升以及成组技术的不断突破，它逐渐进入大功率应用场合，如电动汽车动力源、通信系统备用电源、铁路辅助电源以及电力系统备用电源等。有专家预测，锂离子电池在电动车应用领域将会逐步取代铅酸电池、镍电池等电池。

（二）锂离子电池的工作原理

锂离子电池是指以锂离子嵌入化合物为正极材料的电池的总称。锂离子电池充放电过程的基本化学反应如下：

充电正极反应：$LiCoO_2 = CoO_2 + Li^+ + e^-$

充电负极反应：$6C + Li^+ + e^- = LiC_6$

充电电池总反应：$LiCoO_2 + 6C = CoO_2 + LiC_6$

从化学反应式可以看出，在锂离子电池充电的过程中，在电池的正极反应中产生了电子和锂离子。在外电路上，电子从电池的正极迁移到负极，形成电子流，所以充电时，在外电路电流的方向为从电池的负极流向正极，如图 3-2-4 所示。

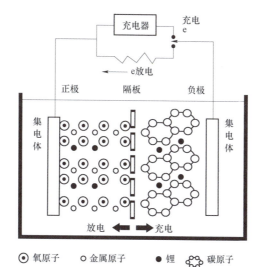

图 3-2-4 锂离子电池的工作原理

同时,在电池的内部,锂离子(正电荷)从电池的正极迁移到电池的负极,形成正电荷流,且离子数量及电荷量和外电路的完全一样,流动的方向为从电池的正极流到电池的负极。锂离子和外电路过来的电子在电池的负极处,与负极材料碳结合生成 LiC_6,形成与外电路同样大小的电流,构成闭合的电流回路,放电过程则相反。在电池整个充放电过程中,锂元素始终以离子态的形式存在,在电池的正负极之间嵌入和脱出,因此锂离子电池的正负极也被形象地称为"摇椅电池"。

(三)锂离子电池的结构

锂离子电池主要由正极集流体(铝箔)、正极材料、电解液、隔膜、负极材料和负极集流体(铜箔)等构成。另外,在最初几次循环时,电池的负极和电解液之间会形成 SEI 膜。锂离子电池的内部结构如图 3-2-5 所示。

下面介绍各部分的功能和原理。

1. 集流体

电池的集流体既是与外电路的连接部分,也是正负极材料的载体。它本身是金属,电特性满足欧姆定律,可等效为一定阻值的纯电阻。

2. 正负极材料

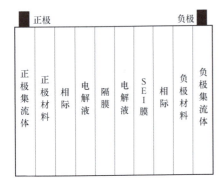

图 3-2-5 锂离子电池内部结构

电池的正负极材料是参与电化学反应的物质,决定了电池的电压、容量、能量密度等特性。

3. 电解液

电解液是电池的重要组成部分,承担着在电池内部的正负极之间传输离子的作用,它对电池的容量、工作温度范围、循环性能及安全性能都有重要的影响。传统电池中通常采用水作为溶剂的电解液体系,但由于水的理论分解电压为 1.23 V,即便考虑到氢或者氧的过电压,电池的最高电压也只有 2 V 左右(如铅酸电池)。而锂离子电池的工作电压一般都高达 3~4 V,因此水溶剂不适用于锂离子电池。在锂离子电池中采用的是具有更高分解电压的溶剂——有机溶剂和电解质盐。

4. 隔膜

隔膜的主要作用是将电池的正负极隔开,使电子不能通过电池的内电路,但不会阻碍离子在其中通过。由于隔膜自身对电子和离子是绝缘的,因此不可避免地会降低正负极之间的离子导电,表现为一定的电阻。当电池内部出现过热等情况时,隔膜能自动闭孔,将电池的正负极断开,起到保护作用。

5. SEI 膜

锂离子电池在首次(或前几次)充电过程中不可避免地都要在碳负极与电解液的相界面上发生反应,形成覆盖在碳电极表面的钝化薄层,人们称之为固体电解质相界面或 SEI 膜。膜的形成消耗了电池内的锂离子,也增加了电极和电解液界面之间的电阻,使用时会出现一定的电压降。但是优良的 SEI 膜具有有机溶剂不溶性,允许锂离子比较自由地进出电极而溶剂分子却无法穿越，从而阻止了溶剂分子对电极的破坏，大大提高了电极的循环寿命。当电池的 SEI 膜遭到破坏时，需要消耗新的锂离子，重新修复，当电池经过多次循环后，电池的 SEI 膜有变厚的趋势，相应的内阻也增加。

6. 相际

正负极材料和电解液构成电极体系，由于是不同状态的两个相，相接触的过渡部分称为相际，这里的浓度和性质与电解液内部存在不同，属于过渡部分，带电离子或者偶极子在相界面中的非均匀分布使得它们之间出现电位差，这是电化学反应的地方，也会产生一定的电压降。其最重要的特征是双电层结构。

（四）锂离子电池的使用注意事项

锂离子电池的电解液采用有机溶剂，这在给锂离子电池带来更低的熔点（使得电池能适用于温度更低的场合）和更高的电压平台的同时，也使其沸点低、燃点低。锂离子电池存在具有可燃性、电池电压接近分解电压、有机溶液黏稠以及导电性能差等问题。具有可燃性是锂离子电池出现安全事故的根源。电池的滥用会导致电池内部的热效应（主要包括 SEI 膜的分解、嵌锂负极与电解液的反应、电解液的分解、正极活性物质的分解、过充电锂原子与电解热的反应、欧姆热效应及短路等）加剧，这是锂离子电池出现安全性问题的起因，并最终表现为热失控。导致热失控的外因主要有严重过充电和过放电、电池过流和过温等。

1. 过充电

当电池充满电时，如果继续充电，这部分能量就会完全地转变成副反应，导致电池的容量下降甚至出现安全事故。锂离子电池并不像铅酸电池或者镍氢电池那样具有内部氧循环机制，所以充满电后，电池不能继续充电。成组使用的锂离子电池也不能采用涓流充电的方式进行充电（即锂离子电池保持在近似完全充电状态的连续小电流充电）。

2. 过放电

电池的放电过程如下：当电池出现过放电时，即电池负极的锂离子完全脱出以后，为了维持电流，电池负极表面电极电位低的物质继续被氧化，使得电池的负极活性物质脱落。再次充电时溶解的金属会在附近沉积，当达到正极时，会造成电池的内部短路或者漏液。

3. 过电流

对于电池的外部短路，需要在电池回路上安装快熔或者相应的开关元件，及时切断电池回路，防止电池出现持续的大电流放电而导致热失控。出现电池内部短路的原因较多，从电池内部的杂质到电池的机械损坏以及电池的滥用还有电池老化等，都可能导致电池内部的短路。从电池的使用角度而言，电池的内部短路主要由电池的低温充放电和过放电造成，所以有效的低温充放电电流限制（特别是充电电流）和过放电管理对于提高电池的使用安全性有重要作用。另外，电池老化后，当电池的容量降低到电池的限制容量时，应进行更换，停止使用。

4. 过温

除了上述过充电、过放电、过电流等情况以外，锂离子电池还会出现过温现象。电池在使用时，如果没有合适的热管理，电池产生的热量不能有效、及时地散出去，电池的温度会持续地增加。电池的严重过放电会导致其电压明显下降以及金属溶解等，并最终导致内部短路和热失控。所以，提高温度检测电路的可靠性、建立必要的反馈机制、合理选择电池箱内部风机的容量、改进风道布局、进行箱内温度场测试以及设置应急控制电路，能有效地提高电池的过温控制性能。

5. 绝缘检测

电动汽车用电池一般需要串联成组，电压等级一般远高于人体可忍受的安全电压。以奥运电动大巴为例，电池由 104 只锂离子电池串联而成，电池的电压超过 400 V。车用电池的振动性、湿热、灰尘等因素都会导致动力电池和车辆底盘之间的绝缘出现问题。处于对汽车使用人员的安全考虑，进行绝缘检测是十分必要的。

三、镍氢电池

（一）镍氢电池概述

镍氢电池是 20 世纪 90 年代发展起来的一种新型绿色电池，具有高能量、长寿命、无污染等特点，因而成为世界各国竞相发展的高科技产品之一。

镍氢电池

镍氢电池的诞生应该归功于储氢合金的发现。早在 20 世纪 60 年代末，人们就发现了这种新型功能材料——储氢合金，其在一定的温度和压力条件下可吸收大量的氢，因此被人们形象地称为"吸氢海绵"。其中有些储氢合金可以在强碱性电解质溶液中反复充放电并长期稳定存在，从而为我们提供了一种新型负极材料。在此材料的基础上人们发明了镍氢电池。

镍氢电池的特点是：由氢离子和金属镍合成，电量储备比镍镉电池多 30%，比镍镉电池更轻，使用寿命更长，并且对环境无污染；其缺点是价格比镍镉电池要贵很多，性能比锂离子电池更差。

镍氢电池现主要用于混合动力电动汽车。2011 年镍氢电池在 HEV（油电混合动力汽车）市场占 56%，零售市场（包括遥控车、玩具、家用电器、数码摄像机）占 24%，无线电市场占 11%，其他市场占 9%。世界上的镍氢电池主要由中国和日本的企业生产，占全球产量的 95%以上。全球镍氢电池 70%以上在中国生产，中国镍氢电池企业主要包括超霸、豪鹏、比亚迪、环宇、科力远、力可兴、三普、迪生、三捷、量能、格瑞普等。日本企业松下汤浅、三洋已经将小型镍氢电池生产转移到中国。HEV 用大型镍氢电池主要在日本生产，生产企业主要为 Primearth 电动车能源公司（PEVE）和三洋电机。由于松下和三洋合并，而松下的湘南工厂卖给了中国科力远，因此大型镍氢电池已主要由松下生产。

我国镍氢电池生产力增长乏力，近几年的产品产值、产量均未超过 2008 年的高峰。2011 年，镍氢电池的产值、产量分别为 55 亿元、9.5 亿只，与 2008 年相比分别下降 15.38%、26.26%。产品规模的缩小使得镍氢电池更不具规模经济，未来发展空间仍然取决于混合动力电动汽车的应用情况。

(二)镍氢电池的工作原理

镍氢电池是以氢氧化镍为正极和高能储氢合金为负极的,因此镍氢电池的正极与镍镉电池基本相同,但负极采用了高能储氢合金材料,使得镍氢电池和同体积的镍镉电池相比,容量增加一倍,充放电循环寿命较长,并且无记忆效应。镍氢电池正极板的活性物质为 NiOOH(放电时)和 $Ni(OH)_2$(充电时),负极板的活性物质为 H_2(放电时)和 H_2O(充电时),电解液采用 30%的氢氧化钾溶液。镍氢电池充放电反应机理如图 3-2-6 所示。

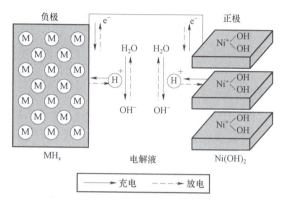

图 3-2-6 镍氢电池充放电反应机理

充放电过程中,正、负极发生的电化学反应如下:

正极:$Ni(OH)_2 + OH^- - e \underset{放电}{\overset{充电}{\rightleftharpoons}} NiOOH + H_2O$

负极:$H_2O + e \underset{放电}{\overset{充电}{\rightleftharpoons}} 1/2H_2 + OH^-$

电池总反应式可表示为:$Ni(OH)_2 \underset{放电}{\overset{充电}{\rightleftharpoons}} NiOOH + 1/2H_2$

从方程式可以看出,充电时,负极析出氢气,储存在容器中,正极由氢氧化亚镍变成氢氧化镍(NiOOH)和 H_2O,放电时氢气在负极上被消耗掉,正极由氢氧化镍变成氢氧化亚镍。

过量充电时的电化学反应:

正极:$4OH^- \rightarrow 2H_2O + O_2 + 4e$

负极:$2H_2O + O_2 + 4e \rightarrow 4OH^-$

从方程式可以看出,蓄电池过量充电时,正极析出氧气,负极析出氢气。由于催化剂的氢电极面积大,而且氢气能够随时扩散到氢电极表面,因此,氢气和氧气能够很容易在蓄电池内部再化合成水,使容器内的气体压力保持不变,这种再化合的速率很快,可以使蓄电池内部的氧气浓度不超过千分之几。

过放电时,正极上被还原的 NiOOH 消耗完,这时 H_2O 便在镍电机上还原。电化学反应如下:

正极:$2H_2O + 2e \rightarrow H_2 + 2OH^-$

负极：$H_2 + 2OH^- \rightarrow 2H_2O + 2e$

从以上各反应式可以看出，镍氢电池的化学反应与镍镉电池相似，只是负极充放电过程中生成物不同。由上述反应步骤可以看出，发生在镍氢电池两个电极上的反应均属固相转变机制，不产生可溶性的金属离子，因此电池的正、负极都具有较高的稳定性。电池的工作过程中没有电解质组元的额外生成或消耗，充放电可看作氢原子从一个电极转移到另一个电极的反复过程。一般采用负极过量的设计方式。在过充电时，正极上析出的氧在 MH 电极上被还原成水（消氧反应）；过放电时，在正极上析出的氢被 MH 电极的储氧合金吸收（消氢反应），故镍氢电池具有良好的耐过充、过放能力。此外，镍氢电池可以做成密封型结构。镍氢电池的电解液多采用 KOH 水溶液，并加入少量的 LiOH。隔膜采用多孔维尼纶无纺布或尼龙无纺布等。为了防止充电过程后期电池内压过高，电池中装有防爆装置。

（三）镍氢电池的特性

镍氢电池采用储氢合金（MH）为负极，此合金可以吸收高达本身体积 100 倍的氢，储存能力极强，这使得其能量密度得到较大提高。由于采用了高导电性电解液，电池内阻较小，可以适应大电流放电，因此它可分为低倍率、中倍率、高倍率电池，对于需要较大功率输出要求的场合比较适用。电池在高温时主要是充电方面的困难较大，镍氢电池在较高温时，副反应氧析出反应会加速，如果有较好的负极性能，在正极上析出的氧气可以在负极上还原，从而使电池内压得以消除。通过调整装配方工艺，可以有效地提高电池在高温时的充电效率并可实现高温的快速充电。镍氢电池在 $-20\ ℃$ 时可以用比较大的电流放电，如 1 C（1 C = 1 A）放电，足以满足动力输出的需要。

镍氢电池在 0.5 C 以下的电流充放电，且放电深度限制在 80% 以下时，电池寿命可以达到 1 000 次以上。而按 1 C 倍率进行 100% 快速全充放时，电池寿命亦可达到 500 次以上。

目前镍氢电池所能达到的性能指标为：单位电池的标称电压为 1.2 V；能量密度（3 h）为 55~70 W·h/kg；功率密度为 160~500 W·h/kg；快速充电从满容量的 40% 充到 80% 为 15 min；工作温度为 $-30\ ℃ \sim 50\ ℃$。

镍氢电池的优点是能量密度、功率密度高于铅酸电池，循环使用寿命在实际电动汽车用电池中也是较高的；快速充电和深度放电性能好，充放电效率高；无重金属污染，全密封免维护。

镍氢电池的缺点是成本高，价格为相同容量铅酸电池的 5~8 倍；单体电池电压低（1.2 V）；自放电损耗大；对环境温度敏感，电池组热管理要求较高。

近年来，随着电动汽车的发展，镍氢电池也受到普遍关注，随着镍氢电池技术的不断发展，其能量密度、功率密度、循环寿命和快速充电能力还会大幅度提高，价格也将大幅度降低。许多公司把镍氢电池作为今后电动汽车使用的首选电池。

四、超级电容

（一）超级电容概述

超级电容准确地说应该称为电化学双电层电容（Electrochemical Double Layer Capacitor，

EDLC）。德国人 Helmholtz 于 1853 年发现，在电势的作用下，电极和电解液之间的固/液双层结构间可以存储能量，它通过电解质极化以静电方式来存储能量。它不同于传统的电化学电源，是一种介于传统电容器与电池之间、具有特殊性能的电源，它具有功率密度高、充放电时间短、循环寿命长、工作温度范围宽等特点。在其储能的过程并不发生化学反应，这种储能过程是可逆的，也正因为此超级电容可以反复充放电十万次。其基本原理和其他种类的双电层电容器一样，都是利用活性炭多孔电极和电解质组成的双电层结构获得超大的容量。

（二）超级电容的原理及特性

1. 超级电容的储电原理

超级电容是近期发展起来的一种新型储能元件，它既像静电电容一样具有很高的放电功率，又像电池一样具有较高的电荷储存能力，在这两种储能元件之间找到了一个最佳的结合点。由于其放电特性与静电电容更为接近，所以仍然称为"电容"。目前超级电容的名称尚不统一，有超级电容器、超电容器、电化学电容器、超大容量电容器等名称，也有称为双电荷层电容器或双电层电容器的。

从储电原理上，超级电容可以分为以下两种：

1）双电层电容

双电层电容是基于高比表面积碳材料与溶液间界面双电层原理的电容器。它可以用 Helmholtz 的双电层模型来说明。该模型认为电极表面的静电荷从溶液中吸附部分不规则分配的离子，它们在电极/溶液界面的溶液一侧，离电极一定距离排成一排，形成一个电荷数量与电极表面剩余电荷数量相等而符号相反的界面层，如图 3-2-7 所示。

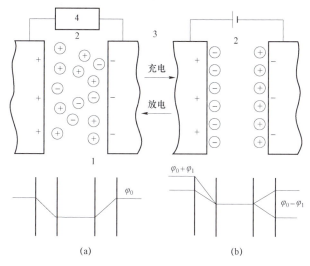

图 3-2-7 双电层电容原理
（a）无外加电源电压；（b）有外加电源电压

由于界面上存在位垒，两层电荷都不能越过边界彼此中和，这样充电界面由两个电荷层组成，一层在电极上，另一层在溶液中，因此称为双电层。这是一种静电型能量存储方式。电容器总电容为正负两极电容串联的结果。

2）法拉第准电容

法拉第准电容的电极中包含二维（如：H 或一些金属（Pb、Bi、Cu））或准二维（如：多孔过渡金属氧化物（RuO_2、IrO_2））材料，在充放电过程中，电极的表面发生电沉积或氧化还原过程。这种电容的储能方式不再是单纯的物理储能，而是与电池一样发生了法拉第电荷传递的电化学变化过程。但是其充放电具有电容特性：a.两极电位与电极上施加或释放的电荷几乎呈线性关系；b.如果该系统电压随时间呈线性变化，$dV/dt = K$，则产生恒定或几乎恒定的电流 $I = CdV/dt = CK$，因此也叫电化学电容。

法拉第准电容不仅发生在电极表面，而且可深入电极内部，因而可获得比双电层电容更高的电容量和能量密度。相同电极面积下，法拉第准电容的电容量可以是双电层电容的 10~100 倍。

实际上对于双电层电容器而言，其电极材料也并非局限于碳材料，而且或多或少地会有电化学反应；另外二维、准二维材料也有很大一部分双电层容量，二者界限并不是非常明晰，现在超级电容这个名称已广为采用。

2. 超级电容的性能特点

与电池相比，超级电容具有许多电池无法比拟的优点。不同种类电容的特点如表 3-2-1 所示。

表 3-2-1　不同种类电容的特点

项目	静电电容	超级电容	铅酸电池
放电时间	$10^{-6} \sim 10^{-3}$ s	1~30 s	0.3~3 h
充电时间	$10^{-6} \sim 10^{-3}$ s	1~30 s	1~5 h
能量密度/（W·h·kg^{-1}）	<0.1	1~10	20~100
功率密度/（W·kg^{-1}）	>10 000	1 000~2 000	50~200
循环效率/%	≈1.0	0.90~0.95	0.70~0.85
循环寿命/次	∞	>100 000	500~2 000

（1）有非常高的功率密度。超级电容的功率能量比值远远高于普通蓄电池。其功率密度可为电池的 10~100 倍，达到 10 kW/kg，可以在短时间内放出几百到几千安培的电流。这个特点使得电容器非常适合用于短时间高功率输出的场合。

（2）充电速度快。超级电容充电是双电层充放电的物理过程或电极物质表面的快速、可逆的电化学过程，可采用大电流充电，能在几十秒至几分钟内完成充电过程，是真正意义上的快速充电。电容的电压与电流不互相关联，也就是在任何荷电状态值处，超级电容都可以以满电流方式放电。

（3）循环寿命长，半永久性使用，无须更换。超级电容充放电过程中发生的电化学反应具有很好的可逆性，不易出现类似电池中活性物质的晶型转变、脱落、枝晶穿透隔膜等引起的寿命终止现象，碳基电容器的理论循环寿命为无穷，实际可达 10 万次以上，比电池高 10～100 倍。

（4）效率高。由于电容的内阻非常小，一般只有几毫欧，所以电容的充电过程与放电过程基本是可逆的，效率可以达到 99% 以上。

（5）低温性能优越。超级电容充放电过程中发生的电荷转移大部分都在电极活性物质表面进行，所以容量随温度的衰减非常小。

（6）控制简单。由于电容电量可以由电压来反映，电容的控制可以通过简单的电压控制来实现。

（7）绿色环保。超级电容所使用的是无污染材料，所以它为绿色环保产品。

五、飞轮储能器

飞轮储能器主要由飞轮、轴、轴承、电机、真空容器、电力电子变换器组成。电力电子变换器从外部输入电能驱动电动机旋转，电动机带动飞轮旋转，飞轮储存动能（机械能）；当外部负载需要能量时，用飞轮带动发电机旋转，将动能转化为电能，再通过电力电子变换装置变成负载所需要的各种频率、电压等级的电能，以满足不同的需求。飞轮储能器的结构示意如图 3-2-8 所示。

飞轮储能器

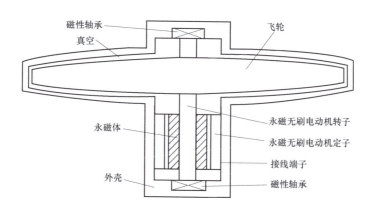

图 3-2-8　飞轮储能器的结构示意

六、动力电池的冷却

铅酸电池的使用主要集中在低速电动汽车上，而且功率密度较低，续航里程要求也不高，一般不需要进行强制散热，采取普通的自然通风散热即可满足要求。

铅酸电池在使用过程中，特别是对其进行充电的过程中，会产生氢气，氢气属于易燃易爆气体，因而在应用于电动汽车上时，除了保证电池安装牢固可靠外，还必须考虑电池的通风系统，避免因氢气聚集而引起事故。

铅酸电池的电解液硫酸属于强腐蚀性液体，在电池安装设计时，应考虑电解液泄漏收集和排放装置。锂离子电池种类繁多，但是这类电池受温度的影响较大，过高的温度容易使电池电解液分解，引起电池早衰。

如果电池温度差别较大，还会引起电池充放电不均衡等问题，因而在应用中均需要强制通风散热。锂离子电池的散热量相对较低，但由于在安装和使用过程中，一般将电池做成电池组或电池包，大量锂离子电池在一起工作容易产生热量的堆积，影响电池性能，因而对锂离子电池系统的散热主要是为了避免热量堆积。锂离子电池的冷却方式如图 3-2-9 所示。

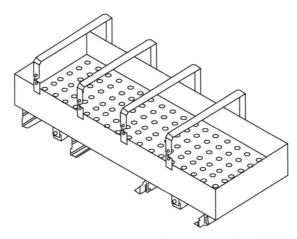

图 3-2-9　锂离子电池的冷却方式——风扇在底部

燃料电池的冷却介质为无离子水。排热方式有电池组本体外部冷却法、冷却剂通过电池组内部管道进行循环、电极气体通过外部冷却器进行循环、电解液通过外部冷却器循环等方法。动力电池的液体冷却如图 3-2-10 所示。

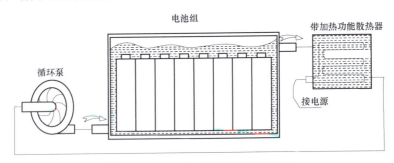

图 3-2-10　动力电池的液体冷却

七、功率变换器

功率变换器可分为直流/直流（DC/DC）变换和直流/交流（DC/AC）变换两类。电动汽车电气系统中的功率变换器主要是 DC/DC 变换器，有降压、升压、双向三种形式，是实现电气系统电能变换和传输的重要电气设备。

（一）功率变换器的功能

（1）不同电源之间的特性匹配。例如，可利用 DC/DC 变换器实现燃料电池和动力电池之间的特性匹配。

（2）驱动辅助系统中的直流电动机。在小功率（一般低于 5 kW）直流电动机驱动的转向、制动等辅助系统中，一般直接采用 DC/DC 变换器供电。

（3）给低压辅助蓄电池充电。在电动汽车中，需要高压电源通过降压变换器给辅助电池充电。

（二）功率变换器的特点

（1）变换功率大。由于电动汽车电机系统在起动、爬坡、加速时要求的功率较大，为保证车辆的动力性能，功率转换器一般功率较大。其采用大电流电力电子器件，进行双路或多路设计。

（2）输出响应快捷。电动汽车在行驶过程中对驱动系统的动力响应提出了很高的要求。其实也是对功率变换器提出了很高的要求。功率变换器的输出响应必须跟上车辆路况等因素对驱动电机输出功率变化的要求，否则会影响整车性能。

（3）工作稳定，抗电磁干扰。电动汽车行驶的安全性，要求功率变换器要具有很强的稳定性，特别是在电动汽车这个相对比较恶劣的电磁环境下，抗电磁干扰性能尤其重要。

（4）控制方便、准确。从整体上看，电动汽车的功率变换器不仅仅是一个功率变换的过程，实际上也是一个动力系统能量输出的控制过程。因此要使其功率变换器有好的可控制性，在设计功率变换器的时候，明确其控制策略是很重要的环节。

（5）具有能量回馈功能。电动汽车能量回收系统是电动汽车有限能量高效率使用的一个重要措施。作为连接动力系统和电源系统的桥梁，功率变换器还必须具有能量回馈功能，以满足能量回收的需要。因此，电动汽车的功率变换器一般为双向设计。

（三）功率变换器的要求

（1）变换器是能量传递部件，因此需要的转换效率要高，以便提高能源的利用率。

（2）为了降低对燃料电池的输出电压要求，变换器应具有升压功能。

（3）由于燃料电池存在输出不稳定的问题，需要变换器闭环运行进行稳压，为了给驱动器以稳定的输入，需要变换器有较好的动态调节能力。

扫描下方"测验二维码"进入资源库平台的在线测验页面。

在线测验

小组成员共同完成该任务，并按任务要求上传至资源库平台（或空间）。

成果提交

特斯拉电池

2012年9月特斯拉一度宣布专为Model S和未来电动车型设计"超级充电站"网络，据称"能够在30 min内将电池电量充满一半"。特斯拉能实现如此短的充电时间，靠的是充电站可以提供120 kW超高功率，以及特斯拉高出一般电动车电池储能3倍的电池组及特殊的电池管理系统。

特斯拉的电池曾经被嘲笑、被诟病，甚至在实现销售爆发式增长之后，仍有很多业界专家称其"电池技术老旧""无核心竞争力"。特斯拉是唯一一家采用18650型钴酸锂离子电池的公司，这种电池一直用于笔记本电脑中，很难用于电动汽车，并且存在安全隐患。18650型钴酸锂离子电池的特点：技术较为成熟，功率高，能量密度大，且一致性较高，但安全系数较低，热特性和电特性较差，成本也相对较高。

早在20世纪70年代，英国宾汉顿大学的Whittingham女士就发明了18650型钴酸锂离子电池，这种电池常应用于笔记本电脑、强光手电等数码产品，但是将这种直径18mm、高65mm的圆柱形锂电池用在汽车上，特斯拉是第一个吃螃蟹的人。特斯拉旗下首款车型Roadster使用的是18650型钴酸锂离子电池，而第二款量产车型Model S使用的是松下定制的三元材料电池，即镍钴铝三元正极材料的锂电池，业界俗称NCA。

磷酸铁锂电池在实际生产中充放电曲线差异大，一致性较差，且能量密度较低，这直接影响到电动车敏感的续航问题。

数据显示，钴酸锂的理论密度为 5.1 g/cm³，商品钴酸锂的实际密度一般为 2.0～2.4 g/cm³；而磷酸铁锂的理论密度仅为 3.6 g/cm³。海通国际证券公司最新的研究报告表明，特斯拉电池能量密度（170 W·h/kg）大约是比亚迪电动车磷酸铁锂电池能量密度的 2 倍。

特斯拉选择松下 18650 型钴酸锂离子电池的原因：
（1）能量密度更大且稳定性、一致性更好。
（2）可以有效降低电池系统的成本。
（3）全球每年生产数十亿只 18650 型电池，安全级别不断提高。
（4）尺寸小但可控性高，即使电池组的某个单元发生故障，也能降低故障带来的影响。

电池的要求：性能较稳定，安全系数较高且可循环充电次数多。

磷酸铁锂电池是目前市场上动力电池的首选，如雪佛兰 Volt、日产 Leaf、比亚迪 E6 和 FiskerKarma。

特斯拉解决钴酸锂离子电池安全风险的办法：

电池管理系统，给出的解决方案是将 6 831 节 2 A·h 左右的松下 18650 型封装电池通过串联和并联结合在一起。69 只 18650 型电池被并联封装成一个电池砖；99 个电池砖串联成一个电池片；11 个电池片组成一个电池包，总计 6 831 节。

仅仅有这些层次还不够，对每一个层次都要进行监控，于是在每个电池单元、每个电池砖、每个电池片的两端均设置有保险丝，一旦电池过热或者电流过大则立刻熔断，断开输出。

仅仅有保险丝还是不够，于是在每个电池片上均设置有 BMB（Battery Monitor Board），即电池监控板，用以监控每个电池砖的电压、温度以及整个电池片的输出电压。在整个电池包上，设置有 BSM（Battery System Monitor），用以监控整个电池包的工作环境，包括电池包的电流、电压、温度、湿度、方位、烟雾等。

任务 3-3　分析纯电动汽车电机

 任务引入

车用驱动电机是电动汽车动力系统的核心关键部件,其性能的优劣直接影响到车辆的整车性能。经过十几年的发展,我国在车用驱动电机技术、产品、产业方面均取得了长足进步。我国已自主开发了满足各类电动汽车需求的系列化驱动电机系统产品,获得了一大批驱动电机系统的相关知识产权,形成了批量生产能力。

我国自主开发的永磁同步电机、交流异步电机和开关磁阻电机已经实现与国内整车企业的中小批量配套,产品的功率范围覆盖 200 kW 以下整车的动力需求,驱动电机系统的主要性能指标达到相同功率等级的国际先进水平,部分企业的产品已走出国门。

与此同时,以美国、欧洲和日本为主的提供新能源汽车驱动系统的企业发展迅猛,在降低电机生产成本、改善电机效率及电机和发动机一体化设计等方面取得了长足进展,产业链逐步完善,配套能力不断提高,也使我国驱动电机的未来发展面临许多挑战。本任务将学习不同电机的结构及工作原理。

 任务描述

通过本任务的学习,你将初步认识纯电动汽车电机,为了加强认识,请选择完成如下任务之一:

可选任务一:广泛查阅资料,进一步了解纯电动汽车电机开发面临的问题,做一个 PPT 汇报稿,上传到学习平台,并在学习小组或班上进行简短汇报。

可选任务二:选择你所在地的一家电机制造企业(例如,湖南可以选择中车时代电动汽车股份有限公司、湘潭电机股份有限公司等),就这个企业目前新能源汽车电机的开发现状以及未来的战略,做一个 PPT 汇报稿,将其上传到学习平台,并在学习小组或班上进行简短汇报。

可选任务三:选择一种纯电动汽车电机,通过查阅资料了解其技术,做一个 PPT 汇报稿,将其上传到学习平台,并在学习小组或班上进行简短汇报。

项目三 纯电动汽车

● **专业能力**
1. 能够掌握电动汽车电机的基本常识。
2. 能够理解直流电机的结构原理和特点。
3. 能够理解永磁同步电机的结构原理和特点。
4. 能够理解交流异步电机的结构原理和特点。

● **社会能力**
1. 树立能源安全和节能环保意识。
2. 强化汇报沟通的能力。
3. 加强小组协同学习的能力。

● **方法能力**
1. 通过查询资料完成学习任务,提高资源搜集的能力。
2. 通过制作 PPT 汇报稿,提升制作 PPT 简报的能力。
3. 通过完成学习任务,提高解决实际问题的能力。

一、纯电动汽车电机概述

(一)纯电动汽车的电机驱动系统

1. 电机驱动系统的要求

电机驱动系统是纯电动汽车的核心,也是其区别于内燃机汽车的最大不同点。纯电动汽车对驱动系统的要求很高。一般认为,驱动系统应符合下列要求:

(1)瞬时功率大,短时过载能力强,以满足爬坡及加速的需要。

电机的概述

(2)调速范围宽广。

(3)在运行的全部速度范围和负载范围内,具有较高的效率。也就是在电机所有工作范围内综合效率高,以尽量延长纯电动汽车的一次续航里程。

(4)可靠性高,使用方便简单,价格低廉。

(5)功率密度高,体积和质量小。

2. 电机驱动系统的组成

一般地,驱动系统由电气系统和机械系统组成,如图 3-3-1 所示。

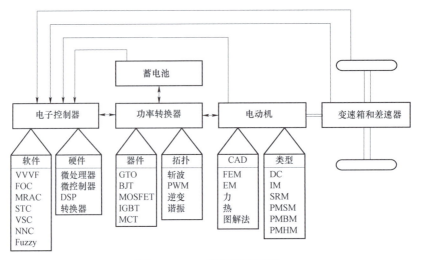

图 3-3-1 电机驱动系统

电气系统由电子控制器、功率转换器和驱动电机组成；机械系统由机械传动装置和车轮组成。驱动系统的功能是将储存在蓄电池中的电能高效地转化为车轮的机械能，进而推动汽车行驶，并能够在汽车减速制动或者下坡时，实现再生制动。电子控制器即电动调速装置是为纯电动汽车的变速和方向变换等设置的，其作用是控制电机的电压或电流，完成电机的驱动转矩和旋转方向的控制。在早期的纯电动汽车上，直流电机的调速采用串接电阻或改变电机磁场线圈的匝数来实现。因其调速是有级的，且会产生附加的能量消耗，使用的电机结构复杂，现在已很少使用。目前，纯电动汽车上应用较广泛的是晶闸管斩波调速，通过均匀地改变直流电机的端电压控制电机的电流，来实现电机的无级调速，在电力电子技术的不断发展中，它也逐渐被其他电力晶体管（如 GTO、MOSFET、BJT 及 IGBT 等）斩波调速装置所取代。纯电动汽车用的功率转换器用作 DC/DC 转换和 DC/AC 转换。DC/DC 变换器又称直流斩波器，用于直流电机驱动系统。两象限直流斩波器能把蓄电池的直流电压转换为可变的直流电压，并能将再生制动能量进行反向转换。DC/AC 变换器通常称为逆变器，用于交流电机驱动系统，它将蓄电池的直流电转换为频率和电压均为可调的交流电。纯电动汽车一般只是用电压输入式逆变器，因为其结构简单又能进行双向能量转换。而且，通常采用的是正弦波 SPWM 逆变器。其原理是将正弦调制波与三角载波进行比较，得到相应的 PWM 脉冲序列。SPWM 的优点在于它的算法简单，而且容易实现。

驱动电机的作用是将电源的电能转化为机械能，通过传动装置驱动或直接驱动车轮。早期，纯电动汽车上广泛采用直流串励式电机，这种电机具有"软"的机械特性，与汽车的行驶特性非常适应。但直流电机由于存在换向火花、比功率较小、效率较低、维护保养工作量大等缺点，随着电机控制技术的发展，正在逐渐被直流无刷电机（BCDM）、开关磁阻电机（SRM）和交流异步电机取代。

纯电动汽车传动装置的作用是将电机的驱动转矩传给汽车的驱动轴。因为电机可以带负载起动，所以电动汽车上不需要传统内燃机汽车的离合器。并且驱动电机的转向可以通过电路控制来实现变换，因此，纯电动汽车无须内燃机汽车变速器中的倒挡。当采用电机无级调速控制时，纯电动汽车可以省去传统汽车的变速器。在采用电动轮驱动时，纯电动汽车也可以省去内燃机汽车传动系统的差速器。

针对驱动轮所施加驱动转矩的来源，纯电动车辆所采用的驱动方式总体上可分为两种：集中驱动和车轮独立驱动。

集中驱动利用一个动力源变速器和减速器（或只通过减速器）降速增扭，最后经差速器将驱动转矩大致平均地分配给左右驱动半轴，可以采用前轮驱动、后轮驱动或四轮驱动的形式，其结构形式如图 3-3-2 所示。

车轮独立驱动是只利用多个动力源分别驱动单个车轮，可以分为两轮独立驱动和四轮独立驱动，其结构形式如图 3-3-3 所示。

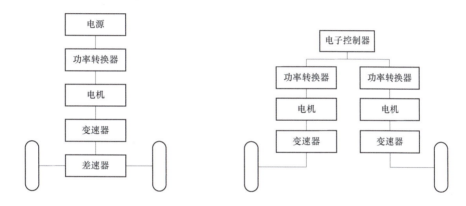

图 3-3-2 集中驱动结构形式　　图 3-3-3 车轮独立驱动结构形式

集中驱动和车轮独立驱动优缺点的比较如表 3-3-1 所示。

表 3-3-1 集中驱动和车轮独立驱动优缺点的比较

项目	集中驱动	车轮独立驱动
成本	较低	较高
体积	笨重	轻便
质量	集中	分散
效率	较低	较高
差速方式	机械式	电子式

3. 电机驱动系统的分类

现代电动汽车常用的电机驱动系统有四种：直流电机驱动系统、交流异步电机驱动系统、永磁无刷电机驱动系统和开关磁阻电机驱动系统。

1)直流电机驱动系统

直流电机驱动系统采用有刷直流电机,电机控制器一般采用斩波器控制方式。它具有成本低、易于平滑调速、控制器简单、控制相对成熟等优点。但由于需要电刷和换向器,结构复杂,运行时有火花和机械磨损,所以电机运行转速不宜太高。尤其是其存在对无线电信号的干扰,这对高度智能化的未来电动汽车是致命的弱点。鉴于直流电机驱动系统的驱动控制器部分优势突出,直流电机驱动系统在当前燃料电池电动汽车领域仍占有一席之地。

2)交流异步电机驱动系统

交流异步电机驱动系统采用交流异步电机。这种电机结构简单,制造容易,效率比直流电机高,与永磁无刷电机、开关磁阻电机相比,成本低廉,但控制较为复杂。总的说来,异步电机系统的综合性价比具有一定的优势。

我国已建立具有自主知识产权的异步电机驱动系统开发平台,形成了小批量年产的开发、制造、试验及服务体系;产品性能基本满足整车需求,大功率异步电机系统已广泛应用于各类电动客车;通过示范运行和小规模市场化应用,产品可靠性得到初步验证。

3)永磁无刷电机驱动系统

永磁无刷电机驱动系统采用永磁无刷电机。其最大的特点是效率高、质量小、体积小,也无须维护。与异步电机相比,永磁无刷电机成本较高,可靠性较差,使用寿命较短,同时永磁体还存在失磁的可能。另外,制造工艺也比异步电机复杂。在控制上,由于永磁体的存在,弱磁控制有一定的难度,因此限制了这种电机系统在电动汽车上的大量使用。

国内企业通过合理设计及改进控制技术,有效提高了无刷直流电机产品的性能,基本满足了电动汽车的需求,已形成一定的研发和生产能力,开发了不同系列的产品,可应用于各类电动汽车;产品部分技术指标接近国际先进水平,但总体水平与国外仍有一定差距;基本具备永磁同步电机集成化设计能力;多数公司仍处于小规模试制生产阶段,少数公司已投资建立车用驱动电机系统专用生产线。

4)开关磁阻电机驱动系统

开关磁阻电机驱动系统采用开关磁阻电机。该电机转子没有绕组,做成凸极,结构简单,可靠性高,快速响应性好,效率与异步电机相当。由于转子无绕组,该系统特别适合频繁的正反转及冲击负载等工况。开关磁阻电机驱动系统驱动电路采用的功率开关元件较少,电路简单,能较方便地实现宽调速和制动能量的反馈,如图3-3-4所示。因此,这种系统在电动汽车中亦有一定的应用。其缺点主要在于其结构带来的噪声和振动较大。

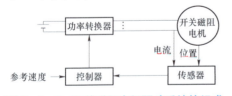

图3-3-4 开关磁阻电机驱动系统的组成

(二)电机

电机驱动系统的核心在于电机。

1. **电机的定义**

广义而言，电机可泛指所有实施电能生产、传输、使用和电能特性变换的机械或装置。然而，由于生产、传输、使用电能和实施电能特性变换的方式很多，原理各异，如机械摩擦、电磁感应、光电效应、磁光效应、热电效应、压电效应、记忆效应、化学效应、电磁波等，内容广泛，而应用在电动汽车上的电机，主要研究范畴仅限于那些依据电磁感应定律和电磁力定律实现机电能量转换和信号传递与转换的装置，严格来说，这类装置的全称应该是电磁式电机。

发电机和电动机只是电机的两种运行形式，其本身是可逆的。也就是说，同一台电机，既可以做发电机运行，也可以做电动机运行。

2. **电机的分类**

电机的种类繁多，分类方法也很多。按运动方式分，静止的有变压器，运动的有直线电机和旋转电机。

在电动汽车上，以旋转电机为主，按电源性质分，有直流电机和交流电机；按运行速度与电源频率的关系分，有同步电机和异步电机。电机的分类如图3-3-5所示。

图3-3-5 电机的分类

3. **我国驱动电机及其控制器存在的问题**

（1）电机原材料、控制器核心部件研发能力较弱，依赖进口，如硅钢片、电机高速轴承、位置/转速传感器、IGBT模块等。进口产品成本高，影响电机系统的产业化。

（2）我国车用电机的机电集成水平与国外差距较大，控制器集成度较低，体积、质量相对偏大。

（3）我国车用电机系统尚处于起步阶段，制造工艺水平落后，缺乏自动化生产线，造成产品可靠性、一致性差。产业化规模较小，成本较高。

（4）现阶段国家出台的电动汽车驱动电机系统标准较少，且不完善。如不同类型电机系统采用同一检测标准，缺乏可靠性、耐久性评价方法等。

4. **电动汽车用电机的要求**

电动汽车用电机相比常用的工业电机，在负载、技术性能和工作环境等方面有着特殊的要求：

（1）电动汽车驱动电机需要有4~5倍的过载以满足短时加速或爬坡的要求，而工业电机只要求有2倍的过载就可以了。

（2）电动汽车的最高转速要求达到在公路上巡航时基本速度的4~5倍，而工业电机只需要达到恒功率时基本速度的2倍即可。

（3）电动汽车驱动电机需要根据车型和驾驶员的驾驶习惯设计，而工业电机只需根据典型的工作模式设计。

（4）电动汽车驱动电机要求有高功率密度（一般要求达到1 kW/kg以上）和高效率（在较宽的转速范围和转矩范围内都有较高的效率），从而能够降低车重，延长续航里程；而工业电机通常对功率密度、效率和成

直流电机

本进行综合考虑，在额定工作点附近对效率进行优化。

（5）电动汽车驱动电机要求工作可控性高、稳态精度高、动态性能好，而工业电机只有某一种特定的性能要求。

（6）电动汽车驱动电机被装在机动车上，空间小，工作在高温、坏天气以及频率振动等恶劣环境下，而工业电机通常在某一个固定位置工作。

二、直流电机

直流电机是指通入直流电流而产生机械运动的电机，如图3-3-6和图3-3-7所示。

图3-3-6　直流电机的外观

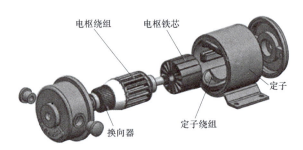

图3-3-7　直流电机的组成

与交流电机、无刷直流电机及开关磁阻电机等其他类型的电机相比，直流电机的优点有：

（1）调速性能良好。直流电机具有良好的电磁转矩控制特性，可实现均匀平滑的无级调速，且具有较宽的调速范围。

（2）起动性能好。直流电机具有较大的起动转矩，能适应电动汽车起步驱动特性的需要，可实现快速起步。

（3）具有较宽的恒功率范围。直流电机恒功率输出范围较宽，可确保电动汽车具有良好的低速起动性能和高速行驶能力。

（4）控制较为简单。直流电机可采用斩波器实现调速控制，具有控制灵活且高效、质量小、体积小、响应快等特点。

（5）价格便宜。直流电机的制造技术和控制技术都比较成熟，虽然直流电机本身的价格不低，但是控制装置简单、价格较低，因而整个直流驱动系统的价格较便宜。

直流电机的缺点有：

（1）效率较低。总体上，直流电机的效率低于交流电机和开关磁阻电机。

（2）维护工作量大。直流电机工作时电刷与换向器之间会产生换向电火花，换向片容易烧蚀，电刷也容易磨损。因此，直流电机的工作可靠性较差，需要经常进行维护。

（3）转速低。直流电机转速越高，换向电火花就越大，严重时形成火花环，这就限制了直流电机转速的提高。

（4）质量和体积大。直流电机的结构较复杂，功率密度低，质量大，体积也大。

电动汽车用直流电机的要求：抗振动性，对环境的适应性，低损耗性，抗负荷波动性，小型、轻量化，免维护性。

（一）直流电机的结构

直流电机的结构形式有很多，但总体上不外乎由定子（静止部分）和转子（运动部分）组成，如图 3-3-8 所示。

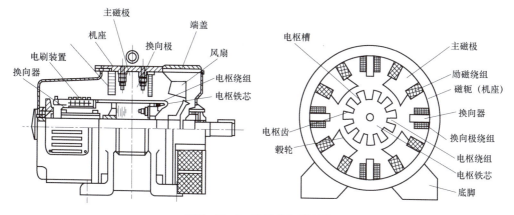

图 3-3-8　直流电机的结构

1. 定子部分

定子部分用于安放磁极和电刷，并作为机械支撑，具体包括主磁极、换向极、电刷装置、机座、端盖等。定子的作用是产生磁场和作为电机的机械支撑。

1）主磁极

主磁极（见图 3-3-9）的作用是产生主磁通 $\varPhi$。主磁极铁芯包括极芯和极掌两部分。极芯上套有励磁绕组，各主磁极上的绕组一般是串联的。极掌的作用是使空气隙中磁感应强度分布最为合适。只要改变励磁电流 I_f 的方向，就可改变主磁极极性，也就改变了磁场方向。

2）换向极

换向极的作用是产生附加磁场，改善电机的换向，使气隙磁场均匀，减小电刷与换向器之间的火花，不致使换向器烧坏。它由铁芯和绕组构成，如图 3-3-10 所示。

在两个相邻的主磁极之间中性面内有一个小磁极，这就是换向极。它的构造与主磁极相似，它的励磁绕组与主磁极的励磁绕组相串联。主磁妞中性面内的磁感应强度本应为零值，但是电枢电流通过电枢绕组时所产生的电枢磁场，主磁极中性面内的磁感应强度不能为零值，这就使得其转到中性面内进行电流换向的绕组产生感应电动势，使得电刷与换向器之间产生较大的火花。

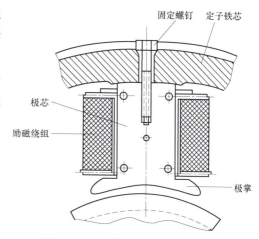

图 3-3-9　直流电机的主磁极结构

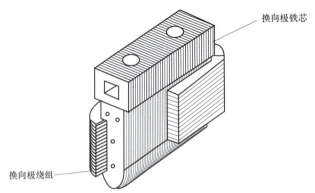

图 3-3-10　直流电机的换向极

用换向极的附加磁场来抵消电枢磁场，使主磁极中性面内的磁感应强度接近于零，这样就改善了电枢绕组的电流换向条件，减小了电刷与换向器之间的火花。

3）电刷装置

电刷装置主要由用碳-石墨制成导电块的电刷、加压弹簧和刷盒等组成，如图 3-3-11 所示。固定在机座上（小容量电机装在端盖上）不动的电刷，借助于加压弹簧的压力和旋转的换向器保持滑动接触，使电枢绕组与外电路接通。它是电枢电路的引出或引入装置。

电刷数一般等于主磁极数，各同极性的电刷经软线汇在一起，再引到接线盒内的接线板上，作为电枢绕组的引出端。

图 3-3-11　直流电机的电刷装置

4）机座

机座的作用是用来固定主磁极、换向磁极和端盖，是电机磁路的一部分（见图 3-3-12）。机座用铸钢或铸铁制成。机座上的接线盒有励磁绕组和电枢绕组的接线端，用来对外接线。

5）端盖

端盖的作用是密封，保护电机的内部结构。端盖由铸铁制成，用螺钉固定在底座的两端，盖内有轴承用以支撑旋转的电枢，如图 3-3-13 所示。

图 3-3-12　直流电机的机座

图 3-3-13　直流电机的端盖

2. 转子部分

转子一般称为电枢，主要包括电枢铁芯、电枢绕组和换向器等。电机转子的作用是输出转矩。

1）电枢铁芯

电枢铁芯由硅钢片冲制叠压而成，在外圆上有分布均匀的槽，它用来嵌放绕组，如图3-3-14所示。铁芯为电枢绕组的支撑部件，也作为电机磁路的一部分。

2）电枢绕组

电枢绕组是直流电机的电路部分，是产生感应电动势或电磁转矩，实现能量转换的主要部件。它由许多绕组元件构成，按一定规则嵌放在铁芯槽内和换向片相连，使各组线圈的电动势相加。绕组端部用镀锌钢丝箍住，防止绕组因离心力而发生径向位移（见图3-3-15）。

图3-3-14 直流电机的电枢铁芯

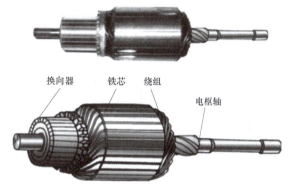

图3-3-15 直流电机的电枢绕组

3）换向器

换向器由许多铜制换向片组成，外形呈圆柱形，换向器片与片之间用云母绝缘，如图3-3-16所示。

（二）直流电机的工作原理

直流电机的工作原理是基于电磁力定律。

实验表明，长度为l的载流导体置于磁场B中，通入电流i后，导体在磁场中将会受到力的作用，称为电磁力。若磁场与载流导体互相垂直，作用在导体上的电磁力大小为：$F=Bli$。力的方向用左手定则确定。一个通电线圈相当于一个具有N-S极的磁体，形成电磁力，如图3-3-17所示。

图3-3-16 直流电机的换向器

如图3-3-18所示，定子有一对N、S极，电枢绕组的末端分别接到两个换向片上，正、负电刷A和B分别与两个换向片接触。

如果给两个电刷加上直流电源，则有直流电流从电刷A流入，从电刷B流出。根据电磁力定律，载流导体受到电磁力的作用，其方向可用左手定则判定，两段导体受到的力形成了一个转矩，使得转子逆时针转动。

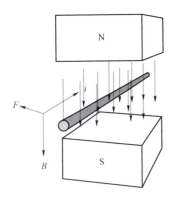
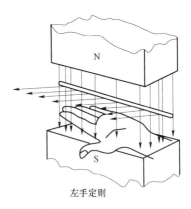

图 3-3-17 直流电机的工作原理

外加的电源是直流的，但由于电刷和换向片的作用，在线圈中流过的电流是变化的，其产生的转矩方向却是不变的。

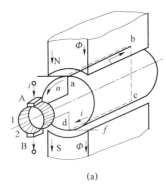
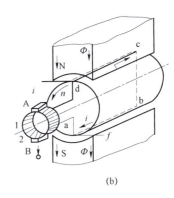

图 3-3-18 直流电机的工作原理示意图
（a）导体 ab 处于 N 极下；（b）导体 ab 处于 S 极下

（三）直流电机的励磁方式

按励磁方式不同，直流电机可分为他励直流电机、并励直流电机、串励直流电机和复励直流电机 4 种类型。图 3-3-19～图 3-3-23 中，I_a 为电枢电流，E_a 为电枢反电势，F_f 为他励和并励方式下的励磁电流，F_s 为串励和复励方式下的励磁电流。

1. 他励直流电机

他励直流电机的电枢和励磁绕组由两个独立的直流电源供电，如图 3-3-19 所示。励磁绕组与电枢绕组无连接关系，用外加电流进行励磁。他励直流电机具有良好的线性和工作稳定性。此外，由于他励直流电机可分别通过控制励磁电流和电枢电压来控制电机的转速，因而其调速范围大。其另一个特点是很容易连接成发电机工作电路，实现电动汽车的制动能量回馈。

图 3-3-19 他励直流电机示意图

2. 并励直流电机

并励直流电机的电枢和励磁绕组并联后由一个独立的直流电源供电,如图 3-3-20 所示。其性能与他励直流电机接近。并励直流电机的励磁电流与电枢电压相关,负载变化时转速比较稳定,具有比较硬的机械特性,调速范围较宽,但提供大转矩的能力较差。

3. 串励直流电机

串励直流电机的电枢和励磁绕组串联后由一个独立的直流电源供电,如图 3-3-21 所示。串励直流电机在低速时有很大的转矩,即其起动转矩大,能很好地适应电动汽车起动大转矩的要求。机械特性很软,有较宽的恒功率调速范围。其缺点是加速性能较差,因此,串励直流电机较少用作电动汽车的驱动电机。

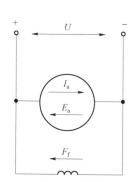

图 3-3-20 并励直流电机示意图

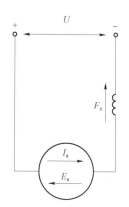

图 3-3-21 串励直流电机示意图

4. 复励直流电机

复励直流电机有两个绕组,一个并励绕组,一个串励绕组,并励绕组和电枢并联,和串励绕组串联后由一个独立的直流电源供电。若两绕组产生的磁通势方向相同,称为积复励;若相反,称为差复励(见图 3-3-22 和图 3-3-23)。电动汽车上常用积复励直流电机,其特点是负载变化时转速变化大,机械特性优于并励直流电机,适用于负载转矩变化较大的场合。

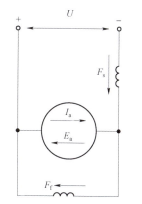

图 3-3-22 积复励直流电机示意图

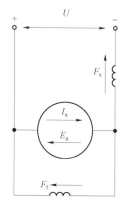

图 3-3-23 差复励直流电机示意图

（四）直流电机的控制

由于电动汽车的行驶工况、状态经常发生变化，因此，电机的转矩及转速必须经常调整，以满足电动汽车驱动动力的需要。直流电机的控制方式有电枢电压调节法、磁场调节法、电枢回路电阻调节法等。

其中，改变电枢电压调速是直流调速系统采用的主要方法。直流斩波器利用开关器件来实现通断控制，将直流电源电压断续加到负荷上，通过通断时间的变化来改变负荷上的直流电压平均值，从而将固定电压的直流电源变成平均值可调的直流电源，主要有以下三种调节形式：

（1）周期 T 固定，导通时间 T_{on} 改变，称为脉宽调变（Pulse–Width Modulation，PWM）。

（2）导通时间 T_{on} 固定，周期 T 改变，称为频率调变（Frequency Modulation，FM）。

（3）周期 T 及导通时间 T_{on} 同时改变，即脉宽调变和频率调变混合使用。

1. 单象限直流斩波器

能量从能量源流向负载，可实现加速、减速，用于电动模式。如图 3-3-24 所示，U 为电压源，S 为开关，D 为续流二极管，L 为滤波电感，R 为负载，E 为旋转电动势，U_d 为平均输出电压。假设开关 S 与二极管 D 均为理想元件。

当开关 S 闭合时，电流从零开始逐渐增大到稳态。

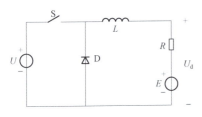

图 3-3-24　单象限直流斩波器驱动电路

当开关 S 断开时，由于电枢为感性负载，负载电流通过二极管 D 续流。

平均输出电压 U_d 的表达式为 $U_d = DU$，其中 D 为占空比。

2. 二象限直流斩波器

二象限直流斩波驱动电路如图 3-3-25 所示，其可实现正向电动和正向制动两种工况，如图 3-3-26 所示。

（1）电动状态（降压型斩波器）：S_2 断开，S_1 通、断。当 S_1 接通时，$U_d = U$；当 S_1 断开时，$U_d = DU$——工作在第一象限。

（2）再生制动状态（升压型斩波器）：S_1 断开，S_2 通、断。当 S_2 接通时，U_d、L、S_2 形成回路；当 S_2 断开时，$U = DU_d$，$U_d = U/D$——工作在第二象限。

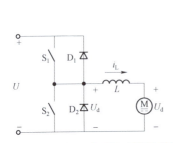

图 3-3-25　二象限直流斩波器驱动电路

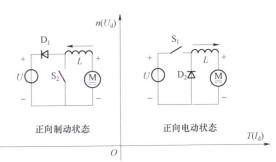

图 3-3-26　二象限直流斩波器的机械特性

3. 四象限直流斩波器

四象限直流斩波器驱动电路如图 3-3-27 所示，其可实现正向电动、正向制动、反向电动、反向制动 4 种工况（见图 3-3-28），又称为 H 桥型电路。

1) 正转（S_4 导通，S_2 断开）

（1）电动状态（降压型斩波器）：S_3 断开，S_1 通、断。当 S_1 接通时，$U_d = U$；当 S_1 断开时，$U_d = DU$——工作在第一象限。

（2）再生制动状态（升压型斩波器）：S_1 断开，S_3 通、断。当 S_3 接通时，M、L、S_3、S_4 形成回路；当 S_3 断开时，$U = DU_d$，$U_d = U/D$——工作在第二象限。

2) 反转（S_2 导通，S_4 断开）

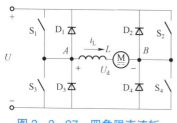

图 3-3-27 四象限直流斩波器驱动电路

（1）电动状态（降压型斩波器）：S_1 断开，S_3 通、断。当 S_3 接通时，$U_d = U$；当 S_3 断开时，$U_d = DU$——工作在第三象限。

（2）再生制动状态（升压型斩波器）：S_3 断开，S_1 通、断。当 S_1 接通时，M、L、S_1、S_2 形成回路；当 S_3 断开时，$U = DU_d$，$U_d = U/D$——工作在第四象限。

在不同的控制信号作用下，组合成两种降压型斩波器和两种升压型斩波器，共 4 种电路形式，如图 3-3-28 所示。

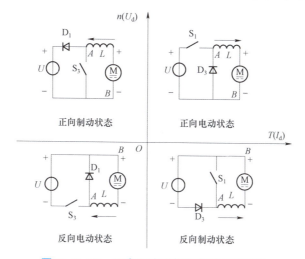

图 3-3-28 四象限直流斩波器的机械特性

三、三相交流异步电机

在交流异步电机中，分为单相和三相，应用最广泛的当属三相交流异步电机。它是一种将电能转化为机械能的电力拖动装置，主要由定子、转子和它们之间的气隙构成。定子绕组产生旋转磁场，转子在旋转磁场作用下，产生感应电动势或电流。三相交流异步电机具有结构简单、运行可靠、价格便宜、过载能力强及使用、安装、维护方便等优点,被广泛应用于各个领域。

交流异步电机的性能特点有:小型轻量化;易实现转速超过 10 000 r/min 的高速旋转;高速低转矩时运转效率高;低速时有高转矩,以及有宽泛的速度控制范围;高可靠性;制造成本低;控制装置简单。

三相交流异步电机

(一) 三相交流异步电机的结构

三相交流异步电机的结构如图 3-3-29 所示。

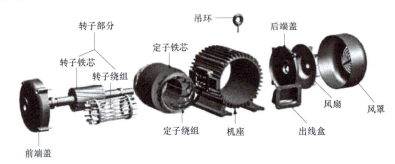

图 3-3-29　三相交流异步电机的结构

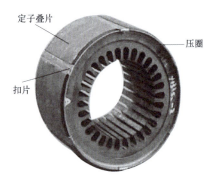

图 3-3-30　定子铁芯

1. 定子

定子由定子铁芯、定子绕组、机座组成,是静止不动的部分。

1) 定子铁芯

定子铁芯作为磁路的一部分,作用是导磁通路。其由 0.5 mm 厚且冲有一定槽形的导磁性能很好的硅钢片叠成。每张硅钢片表面涂有绝缘漆。槽形由电机容量、电压及绕组形式决定,槽形一致,且在定子铁芯内圆周上均匀分布,如图 3-3-30 所示。

2) 定子绕组

定子绕组是定子的电路部分。它由许多线圈按一定规律连接而成,嵌放在定子铁芯槽内,有单层绕组和双层绕组两种形式。三相绕组空间上互差 120°。绕组的线圈及绕组模型如图 3-3-31 和图 3-3-32 所示。

3) 机座

机座用来固定和支撑定子铁芯。中小型电机一般采用铸铁机座,大中型电机一般采用钢板焊接的机座。

2. 转子

转子由铁芯与绕组组成。

图 3-3-31 散嵌线圈

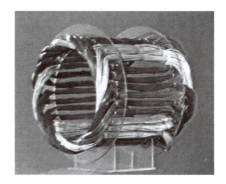

图 3-3-32 三相对称交流绕组模型

1）转子铁芯

转子铁芯作为主磁路的一部分，用来导通磁路。其由 0.5 mm 厚的有冲槽的硅钢片叠成，呈圆柱形，套在转轴或转子支架上。

2）转子绕组

转子绕组是转子部分的电路。按转子绕组形式不同，分为鼠笼式转子和绕线式转子两种。

鼠笼式转子：转子铁芯的每个槽内插入一根裸导条，形成一个多相对称短路绕组。鼠笼式转子分为铜条笼型转子和铸铝笼型转子，其结构简单、价格低廉、工作可靠；不能人为改变电机的机械特性。

绕线式转子：转子绕组为三相对称绕组，嵌放在转子铁芯槽内。与定子绕组一样也是三相对称，这个对称的三相绕组接成星形，并接到转轴上的三个集电环上，再通过电刷使转子绕组与外电路接通，其结构复杂、价格较贵、维护工作量大；转子外加电阻可人为改变电机的机械特性。

鼠笼型异步电机和绕线型异步电机分别如图 3-3-33 和图 3-3-34 所示。

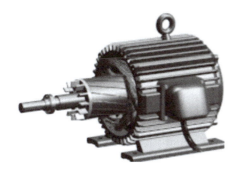

图 3-3-33 鼠笼型异步电机

图 3-3-34 绕线型异步电机

3. 气隙

异步电机的气隙是均匀的，大小为机械条件所能允许达到的最小值。中小型电机的气隙一般为 0.2~2 mm。

气隙越大，则磁阻越大，产生同样大小的旋转磁场就需要较大的励磁电流。励磁电流是无功电流，所以，该电流增大会导致电机功率因数变坏。但是磁阻大，可减小气隙磁场的谐波含量，从而减小附加损耗。

（二）工作原理

当异步电机的三相定子绕组通入三相交流电（见图3-3-35）后，会在电机的气隙圆周上产生一个旋转磁场（见图3-3-36）。当三相电流不断地随时间变化时，所建立的合成磁场也不断地在空间旋转。该磁场大小不变，以一定转速旋转。旋转磁场的旋转方向与三相电流的相序一致，任意调换两根电源进线，则旋转磁场反转。旋转磁场切割转子绕组，从而在转子绕组中产生感应电动势，电动势的方向由右手定则来确定。

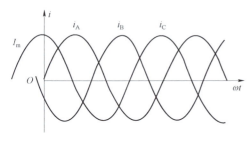

图3-3-35　三相电流波形

三相对称电流：

$$i_A = I_m \sin(\omega t)$$
$$i_B = I_m \sin(\omega t - 120°)$$
$$i_C = I_m \sin(\omega t + 120°)$$

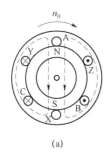
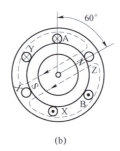

(a)　　　　　　　(b)　　　　　　　(c)

图3-3-36　旋转磁场

（a）合成磁场方向向下（$\omega t = 0°$）；(b) 合成磁场旋转60°（$\omega t = 60°$）；
（c）合成磁场旋转90°（$\omega t = 90°$）

由于转子绕组是闭合通路，转子中便有电流产出，电流方向与电动势方向相同，而载流的转子导体在定子旋转磁场作用下将产生电磁力，电磁力的方向可用左手定则确定。

由电磁力进而产生电磁转矩，驱动电机旋转，并且电机旋转方向与旋转磁场方向相同。异步电机的工作原理如图3-3-37所示。

若定子每相绕组由 p 个线圈串联，绕组的始端之间互差 $360°/p$，将形成 p 对磁极的旋转磁场。旋转磁场的同步转速 n_0 可表示为

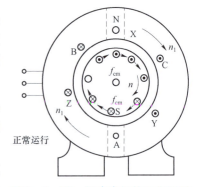

图3-3-37　异步电机的工作原理

$$n_0 = \frac{60 f_1}{p}$$

取工作频率 $f_1 = 50$ Hz，若 $p = 1$，则 $n_0 = 3\,000$ r/min。

电机稳定运行时，电机的实际转速 n 比旋转磁场同步转速 n_0 小，以保证转子绕组与旋转磁场有相对运动，从而产生感应电动势和电磁转矩。这也是异步电机名称的由来。

旋转磁场的同步转速和电机转子转速之差与旋转磁场的同步转速之比称为转差率，用于描述转子转速与旋转磁场转速相差的程度。在正常运行范围内，异步电机的转差率很小，仅为 0.01~0.06。

转差率的计算式为

$$s = \frac{n_0 - n}{n} \times 100\%$$

根据转差率的大小和正负（异步电机转速的大小），异步电机有三种运行状态，如表 3-3-2 所示。

表 3-3-2 异步电机三种运行状态

状态	电动机	电磁制动	发电机
实现	定子绕组接对称电源	外力使电机沿磁场反方向旋转	外力使电机快速旋转
转速	$0 < n < n_1$	$n < 0$	$n > n_1$
转差率	$0 < s < 1$	$s > 1$	$s < 0$
电磁转矩	驱动	制动	制动
能量关系	电能转变为机械能	电能和机械能变成内能	机械能转变为电能

三相交流异步电机工作原理总结为如下三点：

（1）电生磁：三相对称绕组通入三相对称电流产生圆形旋转磁场。

（2）磁生电：旋转磁场切割转子导体，转子导体中会产生感应电动势；由于转子短路，导体内会有电流。

（3）电磁力和电磁转矩：转子载流体在磁场作用下受电磁力作用，形成电磁转矩，驱动电机旋转，将电能化为机械能。

（三）三相交流异步电机的工作特性

异步电机的工作特性是指定子的电压及频率为额定时，电机的转速 n、定子电流 I_1、电磁转矩 T_{em}、效率 η、功率因数 $\cos\varphi_1$ 等与输出功率 P_2 的关系（见图 3-3-38）。

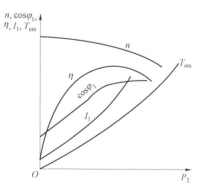

图 3-3-38 三相交流异步电机的工作特性曲线

1）转速特性（电机的转速 n 与输出功率 P_2 的关系）

电机空载时，转子的转速 r 接近于同步转速 n_0。随着负载的增加，转速 n 要略微降低，这时转子电动势增大，从而使转子电流增大，以产生较大的电磁转矩来平衡负载转矩。因此，随着输出功率 P_2 的增加，转子转速 n 下降，转差率 s 增大。转速特性是稍向下倾的曲线。

2）定子电流特性（电机的定子电流 I_1 与输出功率 P_2 的关系）

当电机空载时，转子电流 I_2 近似为零，随着负载的增加，转速下降（s 增大），转子电流增大，定子电流也增大。定子电流几乎随 P_2 按正比例增加。

3）转矩特性（电机的电磁转矩 T_{em} 与输出功率 P_2 的关系）

当负载不超过额定负载时，转速变化很小，接近一常值，因此转矩特性接近于一条低斜率 $1/n$ 的直线。

4）效率特性（电机的效率 n 与输出功率 P_2 的关系）

电机空载时，随着输出功率 P_2 的增加，效率 η 也提高了。在正常运行范围内，铁损耗和机械损耗合起来称为不变损耗。定子、转子铜损耗称为可变损耗。当不变损耗等于可变损耗时，电机的效率达最大。对于中小型异步电机，当输出功率为额定功率的 75%～100% 时，效率最高。如果负载继续增大，效率反而降低。

5）功率因数特性（电机的功率因数 $\cos\varphi_1$ 与输出功率 P_2 的关系）

三相异步电机运行时，必须从电网中吸取感性无功功率，它的功率因数总是滞后的，且永远小于 1。电机空载时，定子电流基本上只有励磁电流，功率因数很低，一般不超过 0.2。当负载增加时，定子电流中的有功电流增加，这使得功率因数提高，当接近额定负载时，功率因数也达到最高。超过额定负载时，由于转速降低较多，转差率增大，转子电流与电动势之间的相位角 φ_2 增大，转子的功率因数下降较多，这就引起定子电流中的无功电流分量也增大，因而电机的功率因数 $\cos\varphi_1$ 趋于下降。

可见，效率曲线和功率因数曲线都是在额定负载附近达到最高，因此选用电机容量时，应注意使其与负载匹配。如果选得过小，则电机会长期过载运行，进而影响寿命；如果选得过大，则功率因数和效率都很低，浪费能源。

四、永磁电机

永磁电机主要可分为永磁有刷直流电机、永磁无刷直流电机、永磁同步交流电机和永磁混合式电机四种。其中在电动汽车上的应用以永磁无刷直流电机和永磁同步交流电机为主。

（一）永磁无刷直流电机

有刷直流电机虽然具有优良的调速和起动特性，但由于存在电刷和换向器，需要经常维护，并且会产生火花和电磁干扰，限制了它的应用范围。永磁无刷直流电机（Brushless DC Motor，BDCM）是集永磁电机、微处理器、功率逆变器、检测元件、控制软件和硬件于一体的新型机电

永磁电机

一体化产品,它采用功率电子开关(如 GTR、MOSFET、IGBT)和位置传感器代替电刷和换向器,既保留了直流电机良好的运行性能,又具有交流电机结构简单、维护方便和运行可靠的特点。

1. 永磁无刷直流电机的结构

永磁无刷直流电机一般是由电机本体、转子位置传感器和逆变器三部分组成的。

1)电机本体

电机本体是一台反装式的普通永磁无刷直流电机(见图3-3-39),它的电枢放在定子上,永磁磁极放在转子上,结构与永磁式同步交流电机相似。定子铁芯中安放对称的多相绕组,通常是三相绕组,绕组可以是分布式或集中式,接成星形或封闭形,各相绕组分别与电子开关中的相应功率管连接。永磁转子多用铁氧体或钕铁硼(NdFeB)等永磁材料制成,不带鼠笼绕组等任何起动绕组,主要有凸极式(表面贴装式)和内嵌式两种结构形式,如图3-3-40所示。

图3-3-39 永磁无刷直流电机本体

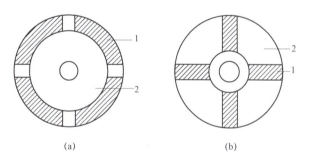

图3-3-40 永磁转子结构形式
(a)表面贴装式;(b)内嵌式
1—磁铁;2—铁芯

2)转子位置传感器

转子位置传感器是无刷直流电机的重要组成部分,用来检测转子磁场相对于定子绕组的位置,以决定功率电子开关器件的导通顺序。常见的有磁敏式、电磁式、光电式和霍尔效应式等。霍尔效应式传感器具有测量精度高、工作稳定性好、结构简单、体积小、安装灵活方便、易于机电一体化等优点,在电机上得到了广泛的应用。

3)逆变器

逆变器主电路有桥式和非桥式两种。图3-3-41中(a)、(b)是非桥式开关电路,其他是桥式开关电路。在电枢绕组与逆变器的多种连接方式中,以星形三相六状态和星形三相三状态使用最广泛。

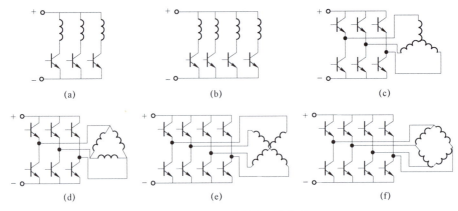

图 3-3-41 逆变器开关电路

（a）星形三相三状态；（b）星形四相四状态；（c）星形三相六状态；（d）封闭三相六状态；
（e）正交两相四状态；（f）封闭四相四状态

2. 永磁无刷直流电机的工作原理

永磁无刷直流电机是在有刷直流电机的基础上发展起来的。它是随着电机技术和电子技术的迅速发展而出现的一种新型直流电机。永磁无刷直流电机的转子为永久磁铁，因而不需要电刷。永磁无刷直流电机的工作原理如图 3-3-42 所示。永磁无刷直流电机的定子有对称布置的三相绕组，并且通过电子开关控制三相定子绕组及时换向。在电机通电后，电子开关使某相定子绕组通电而产生磁场，使转子受电磁力的作用而转动起来；转子位置传感器将转子的位置信号转换为相应的电信号，并输入电子开关；电子开关根据转子位置传感器的信号控制电枢绕组依次通电，使定子产生的磁场旋转；旋转磁场的磁力作用于转子，使转子持续转动，产生方向不变的电磁转矩。

从永磁无刷直流电机定子产生旋转磁场的原理可知，由于定子绕组的相数有限，产生的旋转磁场是跳跃式的，因此，此种电机产生的电磁转矩波动比较大。

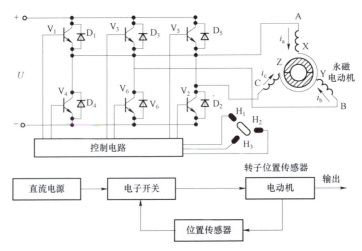

图 3-3-42 永磁无刷直流电机的工作原理

3. 永磁无刷直流电机的控制方法

永磁无刷直流电机的控制方法，按有无转子位置传感器，可分为有位置传感器控制和无位置传感器控制。永磁无刷直流电机具有有刷直流电机那样良好的调速性能，却没有电刷和换向器，这主要是因为它用转子位置传感器替代了电刷，用电子换向器电路（逆变器）替代了机械式换向器。因此，电子控制系统是无刷直流电机不可缺少的组成部分，否则这种电机不能运行。

1）有位置传感器控制

由图3-3-43可见，永磁电机本体、转子位置传感器和功率电子开关电路是最基本的组成部分。转子位置传感器产生的转子位置信号被检测出来后，送至转子位置译码电路，经放大和逻辑变换形成正确的换向顺序信号，去触发导通相应功率开关元件，使之按一定顺序接通或关断绕组，确保电枢产生的步进磁场和转子永磁磁场保持平均的垂直关系，以利于产生最大转矩。换向信号逻辑变换电路则可在控制指令的干预下，根据现行运行状态和对正转、反转、电动、制动、高速、低速要求实现换相（触发）信号分配，导通相应的功率电子开关器件，产生出相应大小和方向的转矩，实现电机的运行控制，保护电路实现电流控制、过流保护等。

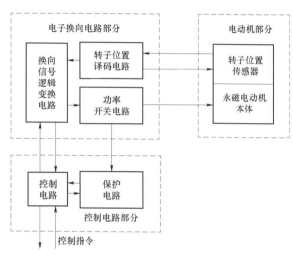

图3-3-43 永磁无刷直流电机控制系统框图

2）无位置传感器控制

无位置传感器控制方式一般指的是电机无机械式位置传感器，即不在无刷直流电机的定子上直接安装位置传感器来检测转子位置。但是在电机的控制运行过程中，转子位置换相信号是必需的。

因此，永磁无刷直流电机无位置传感器控制的关键是构架转子位置信号检测电路，从硬件和软件两个方面来间接获取可靠的转子位置信号。检测到转子位置信号后，电机的控制方法与有位置传感器控制法相同。目前，大多数方法是利用检测定子电压、电流等容易获取的物理量进行转子位置的估算以获取转子位置信号，其中较为成熟的方法有反电势过零检测法、锁相环技术法、定子三次谐波法和电感法等。

（二）永磁同步交流电机

我国电机保有量大，消耗电能大，设备老化，效率较低。永磁同步电机（Permanent Magnet Synchrounous Motor，PMSM）具有结构简单、体积小、效率高、功率因数高等优点，正逐渐成为电动汽车驱动系统的主流电机之一（见图3-3-44和图3-3-45）。

图 3-3-44 永磁同步交流电机

图 3-3-45 永磁同步交流电机实物结构

1. 永磁同步电机的结构

1）内置式永磁同步电机

内置式永磁同步电机按永磁体磁化方向可分为径向式、切向式和混合式三种，如图 3-3-46 所示。

2）外置式永磁同步电机

外置式永磁同步电机根据永磁体是否嵌入转子铁芯中，可以分为面贴式和插入式两种，如图 3-3-47 所示。

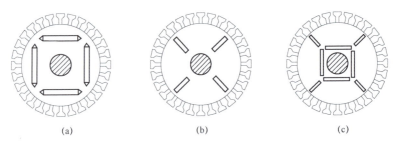

图 3-3-46 内置式永磁同步交流电机磁化方向

（a）径向式；（b）切向式；（c）混合式

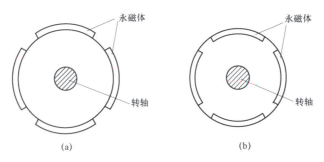

图 3-3-47 外置式永磁同步电机永磁体位置

（a）面贴式；（b）插入式

2. 永磁同步电机的工作原理

从基本原理来讲，永磁同步电机与传统电励磁同步电机是一样的，其唯一区别为传统的电励磁同步电机是通过在励磁绕组中通入电流来产生磁场的，而永磁同步电机是通过永磁体来建立磁场的，并由此导致两者分析方法存在差异。

永磁同步电机的转子为永久磁铁，定子绕有均匀分布的三相绕组。与三相异步交流电机一样，当定子绕组输入三相交流电时，会产生一个旋转磁场，该磁场与转子的永磁体磁场相互作用，使转子产生电磁转矩，并随着定子的旋转磁场转动，由于转子的转动与旋转磁场同步，故而称为交流同步电机。

3. 永磁同步电机的性能特点

永磁同步电机的功率因数大、效率高、功率密度大，是一种比较理想的驱动电机。但由于电磁结构中转子励磁不能随意改变，所以电机弱磁困难，调速特性不如直流电机。由于永磁电机的转子上无绕组、无铜耗、磁通量小，在低负荷时铁损很小，因此，永磁电机具有较高的功率质量比。比其他类型的电机有更高的频率和更大的输出转矩。

由于永磁电机的磁场产生恒定的磁通量，随着电流量的增加，电机的转矩与电流成正比增加，同时电压也随之增加。

4. 永磁同步电机的控制

1）矢量控制

由于永磁同步电机输出电磁转矩对应多个不同的交、直轴电流组合，不同组合对应着不同的系统效率、功率因数以及转矩输出能力，因此永磁同步电机有不同的电流控制策略。以转子磁链旋转空间矢量为参考坐标，将定子电流分解为相互正交的两个分量，一个与磁链同方向，代表定子电流励磁分量，另一个与磁链方向正交，代表定子电流转矩分量，分别对其进行控制，获得与直流电机一样良好的动态特性。

由于矢量控制的控制结构简单，控制软件容易实现，已被广泛应用到调速系统中。

矢量控制本身也存在一定的缺陷：

（1）转子磁链的准确观测存在一定的难度，转子磁链的计算对电机的参数有较强的依赖性，因此对参数变化较为敏感。为了解决这一问题，出现了多种参数辨识方法，但这些方法进一步增加了系统的复杂性。

（2）由于需要进行解耦运算，采用了矢量旋转变换，系统计算比较复杂。

2）直接转矩控制

开关信号是由转矩和定子磁链的给定值与反馈值的偏差经滞环比较得到的。而转矩和定子磁链的给定值是由电磁转矩和定子磁链估算模型计算得到的。

转矩取代电流成为受控对象，电压矢量则是控制系统里唯一的输入，直接控制转矩和磁链的增加或减小，但是转矩和磁链并不解耦。

3）恒压频比开环控制

恒压频比开环控制的控制变量为电压和频率。控制系统将参考电压和频率输入实现控制策略的调整器中，最后由逆变器产生一个交变的正弦电压施加在电机的定子绕组上，使之运行在指定的电压和参考频率下。按照这种控制策略进行控制，使供电电压的基波幅值随着速度指令成比例地线性增长，从而保持定子磁通的近似恒定。

恒压频比开环控制策略简单，易于实现，转速通过电源频率进行控制，不存在异步电机的转差和转差补偿问题，只用于对调速性能要求一般的通用变频器上。

扫描下方"测验二维码"进入资源库平台的在线测验页面。

在线测验

小组成员共同完成该任务，并按任务要求上传至资源库平台（或空间）。

成果提交

开关磁阻电机

开关磁阻电机（Switched Reluctance Motor，SRM）是近些年发展的新型调速电机（见图 3-3-48），其结构简单、调速范围宽且性能好，现已广泛用在仪器仪表、家电、电动汽车等领域。

（一）开关磁阻电机的结构

开关磁阻电机由双凸极的定子和转子组成，其定子、转子的凸极均由普通的硅钢片叠压而成，如图 3-3-49 所示。定子极上绕有集中绕组，把沿径向相对的两个绕组串联成一个两级磁极，称为"一相"；转子既无绕组又无永磁体，仅由硅钢片叠成。

图 3-3-48 开关磁阻电机

图 3-3-49 开关磁阻电机的定子和转子

开关磁阻电机有多种不同的相数结构，如单相、二相、四相及多相等，且定子和转子的极数有多种不同的搭配，如表 3-3-3 和图 3-3-50 所示。

表 3-3-3 开关磁阻电机的极数组合

相数	3	4	5	6	7	8	9
定子极数	6	8	10	12	14	16	18
转子极数	4	6	8	10	12	14	16
步进角/（°）	30	15	9	9	4.25	3.21	2.5

 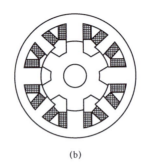 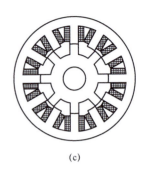

(a)   (b)   (c)

图 3-3-50 开关磁阻电机极数搭配

(a) 6/4 极；(b) 8/6 极；(c) 12/8 极

（二）开关磁阻电机的工作原理

开关磁阻电机依据磁路磁阻最小原理（或磁通最大原理）使转子转动，产生电磁转矩。

当定子、转子极正对时，电感达到最大值；当定子、转子极完全错开时，电感达到最小值。开关磁阻电机的运行遵循磁阻最小原理，由于转矩方向一般指向最近的一对定子、转子极相对的位置，根据转子位置传感器反馈的位置信号，电枢绕组按顺序导通，转子便会连续旋转。

如图 3-3-51 所示，定子有 A、B、C、D 四对凸极，转子有 1、2、3 三对凸极，当电子开关 S_1、S_2 闭合，使 A、A′ 定子绕组通电励磁时，通过转子形成闭合磁路，但电机定子铁芯与磁场的轴线不重合，于是转子就会受到弯曲磁力线切向分力的作用而转动，直到转子 1、1′ 凸极轴线转至与定子 A、A′ 凸极轴线重合的位置（闭合磁路的磁阻最小）。图 3-3-52 所示为相电感、转矩与转子位置的变化关系。

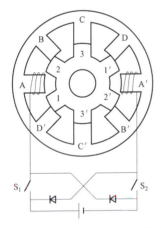

图 3-3-51 四相 8/6 极开关磁阻电机原理   图 3-3-52 相电感、转矩与转子位置的变化关系

（三）开关磁阻电机的控制方法

开关磁阻电机的运行不是单纯的发电或者电动的过程，而是将两者有机结合在一起的控制过程，即它同时也包含能量回馈的过程。

不同能量流动过程分时控制，采用相同硬件设备实现，将发电和电动过程整合到一起，实现了能量回馈。

可控参数主要有开通角、关断角、相电流幅值以及相绕组的端电压，对这些参数进行单独或组合控制就会产生不同的控制方法。

常用的控制方法有角度控制（APC）、电流斩波控制（CCC）和电压控制（VC）三种。

1. 角度控制法

角度控制法是电压保持不变，而对开通角和关断角进行控制，通过对它们的控制来改变电流波形以及电流波形与绕组电感波形的相对位置。

在电机制动运行时，应使得电流波形位于电感波形的下降段；而在电机电动运行时，应使电流波形的主要部分位于电感波形的上升段。

角度控制法的优点是：转矩调节范围大；转矩脉动小；可实现效率最优控制或转矩最优控制。但角度控制法不适用于低速工况，一般在高速运行时应用。

2. 电流斩波控制法

在电流斩波控制方式中，一般使电机的开通角和关断角保持不变，而主要靠控制斩波电流限的大小来调节电流的峰值，从而起到调节电机转矩和转速的目的。

如图 3-3-53 所示，在一个控制周期内，给定电流最大值和最小值，使相电流与设定的上下限值进行比较：当大于设定最大值时，则控制该相功率开关元件关断；当降低到设定最小值时，功率开关新开通，如此反复。

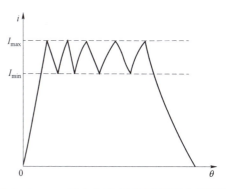

图 3-3-53 设定电流上下限幅值的电流斩波

3. 电压控制法

在固定开通角和关断角的情况下，用 PWM 信号来调制主开关器件相控信号，通过调节此 PWM 信号的占空比，以调节加在主开关管上驱动信号波形的占空比，从而改变相绕组上的平均电压，进而改变输出转矩。这种控制实现容易，且成本较低；其缺点在于导通角度始终固定，功率元件开关频率高、开关损耗大，不能精确地控制相电流。图 3-3-54 所示为发电/电动状态控制策略框图。

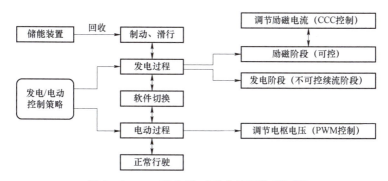

图 3-3-54 发电/电动状态控制策略框图

（四）开关磁阻电机双向控制系统

开关磁阻电机双向控制系统（见图3-3-55）的主要目标是实现开关磁阻电机的双向运行，不但要让开关磁阻电机在电动状态下获得优越的调速性能，也要保证其在发电状态下的能量回馈。

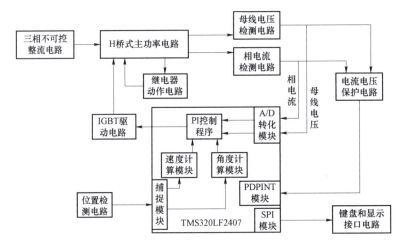

图3-3-55　开关磁阻电机双向控制系统

发电状态和电动状态是通过软件来实现切换的，其励磁过程是可控的，但续流（发电）过程不可控。

采用电流斩波控制来调节励磁阶段的励磁电流的大小，从而实现对发电过程的控制。

电动过程采用电压斩波控制，以调节电枢平均电压，从而实现对转矩和转速的调节。

项目三 纯电动汽车

任务 3-4　纯电动汽车实训（北汽 EV200/特斯拉 Model S）

 任务引入

中国汽车设计方面，从外表到内饰、从风格到品质，都将深深打下中国文化烙印，真正属于中国的、成熟的汽车文化会慢慢形成，中国汽车文化将同我国综合国力和国际地位不断适应与匹配，助推中华文化更好走向世界。通过中国汽车工业与汽车科技的发展，展示自主品牌崛起之路，以专注、踏实与创新的精神，实现我国从汽车大国向汽车强国转变。

本任务将以北汽 EV200、特斯拉 Model S 车型为例进行实训操作，包括如下内容：

一、北汽 EV200 车型认知

外观介绍→动力介绍→内饰/配置介绍→产品亮点

二、特斯拉 Model S 车型认知

外观介绍→内饰/配置介绍→试驾体验

三、北汽 EV200 车辆检查

车辆检查（上）→车辆检查（中）→车辆检查（下）

通过本任务实训，你将能了解北汽 EV200、特斯拉 Model S 的结构特点，描述出它们的主要部件名称及位置、作用，掌握北汽 EV200 的车辆检查方法。

 任务描述

为了更好地完成本次实训任务，需要查阅大量相关资料，了解北汽 EV200、特斯拉 Model S 纯电动汽车发展情况及基本情况等。

因此，完成本实训任务需要做到以下几点：

（1）完成北汽 EV200、特斯拉 Model S 车型认知以及北汽 EV200 车辆检查的微课学习。

（2）按照工作页要求，独立完成相关实训操作，将其上传到学习平台，并在学习小组或班上进行简短汇报。

学习目标

● **专业能力**
1. 能够掌握北汽 EV200、特斯拉 Model S 的结构特点。
2. 能够认识主要部件名称及位置、作用。
3. 能够掌握北汽 EV200 车辆检查方法。

● **社会能力**
1. 树立能源安全和节能环保意识。
2. 强化汇报沟通的能力。
3. 加强小组协同学习的能力。

● **方法能力**
1. 通过查询资料完成学习任务，提高资源搜集的能力。
2. 通过完成学习任务，提高解决实际问题的能力。

一、北汽 EV200 车型认知

1. 外观介绍

EV200 是北京汽车推出的一款纯电动汽车，是一款集动感时尚、超强性能、科技配置、贴身安全、健康环保五大亮点于一体的精品自主 A0 级轿车。

EV200 前脸部分采用具有北汽家族特色的蝴蝶型中网造型，外圈配上蓝色镀铬装饰，突出新能源主题。车身侧面线条饱满，采用前低后高、流畅动感的腰线，勾画出了全新的姿态，带来了运动感与层次感。尾部沿用德式两厢设计，后保险杠线条饱满动感、尾灯时尚大气，环抱式曲面后车窗让车身美观度更强，后视野更好。

北汽 EV200—外观

2. 动力介绍

EV200 搭载了北汽新能源自主研发的高效率永磁同步电机，使自身的加速能力、爬坡能力大幅提高。该电机额定功率为 30 kW，最大功率为 53 kW，最高车速为 125 km/h。

EV200 搭载国际顶尖品牌技术的 SK 三元锂动力电池，具有能量密度高、低温性能好、可靠性强、寿命长等特点。电池容量高达 30.4 kW·h，最高续航里程可以达到 260 km，累计理论行驶里程超 60 万 km。

北汽 EV200—动力

3. 内饰/配置介绍

EV200 的内饰时尚精致，色彩搭配前卫，主色调为黑色和灰色，为了迎合环保因素并且和车头蓝色边框相衬托，中控台点缀其中的蓝色饰条提亮了整体色调，层次分明，立体感很好。

EV200 配置方面拥有旋钮式电子换挡、双智能雨刷、电动天窗、大灯延迟关闭功能等众多人性化配置。6.2 英寸 TFT 彩色液晶屏科技感突出，除了可显示 20 项常规内容外，还能显示制动能量回收、瞬时功耗等电动车特色的内容。8 英寸触摸彩色中控屏尽显豪华，定制化的 WinCE 操作系统平台可随速控制音量、进行智能故障提醒，实现第一时间在中控屏显示提醒信号。

北汽 EV200—内饰/配置

4. 产品亮点

EV200 为零排放的纯电动车，可实现绿色出行，享受健康生活。安全性能方面采用麦弗逊前悬架、H 型扭力梁后悬架、成熟实用的制动系统，标配博世 ABS 系统和英国米拉专业的底盘调校，品质性能好，整车操控性能更优异。空气净化系统，特别加装高效过滤 PM2.5 空调滤芯，能减少车内异味、有害气体，保持车内空气清新、安全。

北汽 EV200—产品亮点

二、特斯拉 Model S 车型认知

1. 外观介绍

特斯拉 Model S 是一款由特斯拉汽车公司制造的全尺寸高性能电动轿车，轴距达 2 960 mm，长、宽、高分别达 4 970 mm、1 964 mm、1 445 mm。外观采用简约时尚的现代风格，其宽大、低矮的轿跑身姿，有一种优雅大气的独特气质。前脸辨识度高，采用刚毅线条刻画的前大灯，近似椭圆形的"进气"格栅，加上日间行车灯的勾勒，使整个前脸更添几分锐利感。车身的线条流畅过渡至尾部，尾部线条较为圆润简约，营造出厚重的视觉效果，有一点运动感，同时又不会太过前卫。

特斯拉 Model S—外观

2. 内饰/配置介绍

特斯拉 Model S 的内饰设计遵循简约的理念，没有过多使用复杂的线条，搭配全黑内饰，使用碳纤维饰板，车厢氛围运动感十足。方向盘采用了运动车型上常见的平底设计，真皮缝线包裹，握感厚实，无可挑剔。Model S 上采用全液晶仪表盘，信息量非常丰富，显示明了直观，通过方向盘上的控制按键可以调节并显示车辆的大部分功能，操作简单易上手。中控台由真皮缝制包裹，做工细致，触感细腻。最引人注目的是搭配 17 英寸的触摸式大屏，大屏占据了整个中控台的中央，看不到传统汽车的机械按钮，而相关的操作全部是在触摸屏上完成的，非常前卫。

特斯拉 Model S—内饰/配置

3. 驾驶体验

特斯拉 Model S 的 P90D 版本，P 代表高性能版本，90 代表电池能储存 90°的电量，D 代表双驱动，就是它的前轴和后轴各有一个电动机，前轴的电动机能达到 262 ps，后轴的电动机能达到 510 ps，最大马力达到 772 ps，最大扭矩更是达到了 967 N·m，性能非常强悍。

特斯拉 Model S—驾驶体验

特斯拉 Model S 的转向力度有三种模式可以调节，即舒适、标准和运动。舒适模式转向力度偏轻；运动模式相对沉些，但也不会太沉；标准模式力度最为适中。方向盘的指向性很好，也非常线性，给人感觉很自然。

特斯拉 Model S 可以通过能量回收设置不同的状态（标准和低）。在标准状态下松开油门时，可以明显感觉到阻力，这时能量回收率最高，在市区行走基本不用踩刹车，通过"电门"收踩就可以轻松跟车。正常行驶时，能量回收还是调回低的状态驾驶更舒服些。

总的来说，Model S 的动力做到了真正的"随传随到"，而且动力爆发时又无声无息，那种感觉非常美妙，在市区拥堵道路开也可以很舒服。

三、北汽 EV200 车辆检查

北汽 EV200 车辆检查项目及内容见表 3-4-1～表 3-4-3。

表 3-4-1 车辆检查（上）

检查项目	检查内容	
遥控钥匙	遥控开锁及上锁、机械锁	
灯光	前部：小灯、近光灯、远光灯、远近灯变换、右前转向灯、左前转向灯、危险警示灯	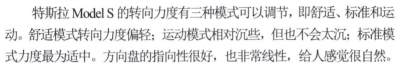 北汽 EV200—车辆检查（上）
	后部：小灯、右后转向灯、左后转向灯、危险警示灯、刹车灯、倒车灯	
雨刮	雨刮挡位、雨刮片	
后备厢	后备厢锁上锁及开锁、后备厢照明灯、随车工具	

表 3-4-2 车辆检查（中）

检查项目	检查内容
车辆室内	仪表各指示灯、车门玻璃升降、室内灯、遮阳板/化妆镜、空调、多媒体娱乐、外后视镜、真空助力、方向盘、转向助力、换挡机构、驻车制动器、仪表台、座椅、安全带、中控锁、儿童安全锁
前舱盖内	冷却液、玻璃清洁剂、制动液、蓄电池、油管、水管、线束

北汽 EV200—车辆检查（中）

项目三 纯电动汽车

表 3-4-3 车辆检查（下）

检查项目	检查内容	
车辆外观	前保险杠、前舱盖板、左右前翼子板、车顶、车门、左右后轮板、后备厢盖、后保险杠、前后挡风玻璃、车门玻璃、充电口、电镀饰条、外照后视镜、头灯、侧灯、雾灯、尾灯、刹车灯、轮胎饰板	北汽 EV200—车辆检查（下）
底盘	轮胎、水管、油管、传动轴、转向机构、制动部件、悬挂机构	

任务工单

任务工单如表 3-4-4 所示。

表 3-4-4 纯电动汽车的工作页（北汽 EV200）

项目	架号：		驱动电机号：		车身颜色：
	检查内容说明	状况		检查要点	
		OK	NO		
一、车辆外观/漆面检查					
1	前保险杠/前舱盖板/左右前翼子板/车顶/车门/左右后轮板/后备厢盖/后保险杠				
2	前、后挡风玻璃/车门玻璃/其他玻璃				
3	车标/充电口盖/电镀饰条/外照后视镜/				
4	头灯/侧灯/雾灯/尾灯/高位刹车灯				
5	雨刮器/轮胎钢圈/轮胎饰盖				
二、车辆室内检查					
1	遥控钥匙对车门开锁上锁功能/车门内外把手开启功能/儿童锁功能				
2	天窗功能/座椅调整功能/真空助力/方向盘/转向助力/换挡机构/驻车制动器				
3	室内灯/仪表各指示灯/仪表台				
4	喇叭/雨刷及喷水/头灯/转向灯/侧灯/雾灯/尾灯/刹车灯功能				

131

续表

项目	检查内容说明	状况 OK	状况 NO	检查要点
5	空调/多媒体娱乐功能/前、后挡风玻璃除霜功能			
6	车门玻璃升降/中控门锁功能/外后视镜调整功能			
7	前机舱盖/后备厢盖/充电口开启功能			
三、前舱盖内检查				
1	液位检查：减速器油/制动液/冷却液/挡风玻璃清洁剂			
2	蓄电池状态　　　　电压值：			
3	各油管/水管/线束状况，有无泄漏等			
四、后备厢检查				
1	后备厢锁上锁及开锁功能			
2	后备厢照明灯功能/随车工具			
五、底盘检查				
1	各水管/油管有无渗漏			
2	传动部件/转向器有无损坏			
3	制动部件有无渗漏、松旷/悬挂部件有无松旷			
4	轮胎胎压/气密性/磨损程度			

检查员：_____　　日　期：_____

成果提交

小组成员共同完成该任务，并按任务要求上传至资源库平台（或空间）。

成果提交

项目四

燃料电池电动汽车

新能源汽车将会是未来汽车的发展趋势,这一点毋庸置疑。从各大车企未来车型的规划中可以看到,新能源汽车占据了很重要的位置。不过由什么类型的新能源汽车"称霸"未来世界,目前众说纷纭。现在发展势头比较猛的有燃料电池电动汽车和纯电动汽车两类。有不少车企正孜孜不倦地研究和大力推广燃料电池电动汽车,为什么这些车企钟爱燃料电池电动汽车?燃料电池电动汽车真的比纯电动汽车好吗?

本项目主要学习氢燃料电池电动汽车,包括"分析燃料电池电动汽车的结构"和"分析燃料电池电动汽车的核心部件"两个任务,通过学习和训练,将了解燃料电池电动汽车的总体构成、结构特点,以及质子交换膜燃料电池、DC/DC 变换器、超级电容、蓄电池等核心部件。同时,还要查阅大量资料,掌握调研的一些方法,具备 PPT 或报表的制作技能。

任务 4-1 分析燃料电池电动汽车的结构

任务引入

燃料电池电动汽车与其他电动汽车的根本区别是所用的动力源以燃料电池为主,而对于电动机驱动、传动机构以及汽车所需的各种辅助功能等与其他电动汽车基本相同。因此,本任务就是学习燃料电池电动汽车的基本结构。

任务描述

通过本任务的学习,你将掌握燃料电池电动汽车的基本结构。为了加强认识,请从网上搜索一款燃料电池电动汽车,搜索相关的信息,参考"实例分析:本田 FCX Clarity",分析其结构及特点,上传到学习平台,并在学习小组或班上进行简短汇报。

学习目标

- 专业能力
1. 能够掌握燃料电池电动汽车的总体构成。
2. 能够掌握燃料电池电动汽车的动力系统特点。
3. 能够掌握燃料电池电动汽车的车体总成特点。
4. 能够掌握燃料电池电动汽车的底盘系统特点。
- 社会能力
1. 树立能源安全和节能环保意识。
2. 具有较强的分析问题并撰写分析报告的能力。
3. 强化汇报沟通的能力。
4. 加强小组协同学习的能力。
- 方法能力
1. 通过查询资料完成学习任务,提高资源搜集的能力。

2. 通过制作报表，提升分析报表制作的能力。
3. 通过完成学习任务，提高解决实际问题的能力。

燃料电池电动汽车作为新能源汽车的一种，其电池工作原理是将氢气和氧气通过电极反应直接转化成电能，反应过程不涉及燃烧和热机做功，所以能量转换效率可以达到60%～70%，使用效率大概是普通内燃机的2倍左右。所以，从能源的利用和环境保护方面看，燃料电池电动汽车是一种理想的车辆。

一、燃料电池电动汽车的总体构成

燃料电池电动汽车在整体结构上与普通燃油汽车相似，也是由动力系统、底盘系统、车身系统和电气系统四大部分构成的，主要区别在于动力系统。

燃料电池动力总成包括储氢罐总成、辅助电池总成、燃料电池堆总成、动力输出系统总成等。其中，储氢罐一般放置于底盘的中部，或后排座椅的下方（传统内燃机轿车的油箱位置），将储氢罐分散存储。除了燃料电池堆本身，对汽车前后悬架总成、制动总成及轮胎等方面也应做相应的调整和测试。如果采用轮毂电机技术，燃料电池电动汽车在电动机的放置上可以有新的选择，这将增大汽车内部空间。并且，各电动轮的驱动力也可分散独立控制，提高恶劣路面条件下汽车的行驶性能。底盘布置方面，应把绝大多数负载均匀分配在底盘的前后端，降低车辆的总体重心，使轿车的操控性能可以得到进一步提升，并改善车辆的整体安全性。

燃料电池电动汽车是如何构成的？

图4-1-1所示为燃料电池电动汽车的整体布置，给出了一种可选布置方案，主要是驱动电机、超级电容或蓄电池组、储氢罐、燃料电池系统箱、功率控制单元（PCU）。

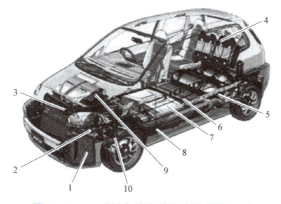

图4-1-1 燃料电池电动汽车的整体布置

1—动力传动系统散热器；2—驱动电机；3—燃料电池发动机散热器；4—超级电容或蓄电池组；5—储氢罐；6—加湿器；7—电堆；8—燃料电池系统箱；9—功率控制单元（PCU）；10—空气压缩机

所谓可选布置方案，是指其中有些部件并不是必需的，例如超级电容或蓄电池组，如果没有就是单纯的燃料电池电动汽车；如果有就是混合动力汽车，也就是由燃料电池系统与辅助动力电池系统混合组成，这种组成是克服单一装备燃料电池电动汽车缺点的有效技术。这种混合技术和基于内燃机的混合动力驱动系统有一些区别，不是动力混合，而是燃料电池电能和蓄电池电能的混合。

图4-1-2所示为燃料电池电动汽车的基本构成。

目前，燃料电池的混合动力技术有三种，第一种是采用"燃料电池+辅助电池"（FC+B）的储能形式；第二种是采用"燃料电池+超级电容"（FC+C）的储能形式；第三种是采用"燃料电池+辅助电池+超级电容"（FC+B+C）的储能形式。

1)"燃料电池+辅助电池"（FC+B）储能形式

燃料电池电动汽车的燃料电池起动时，空气压缩机或鼓风机需要提前工作，氢气和空气需要预加湿、燃料电池堆需要预热等，这些过程都需要提前

图4-1-2 燃料电池电动汽车的基本构成

向燃料电池系统供电；同时，回收制动能量需要有存储空间。因此，增加了辅助电池，辅助电池和燃料电池系统组合起来就形成了混合储能系统，即如图4-1-3所示的"燃料电池+辅助电池"（FC+B）储能形式。

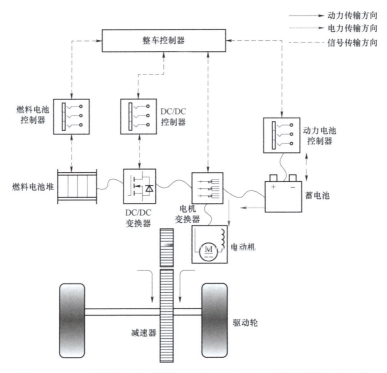

图4-1-3 "燃料电池+辅助电池"（FC+B）储能形式的汽车结构

这样的组合，降低了对燃料电池的功率和动态特性的要求，同时也降低了燃料电池系统的成本，却增加了驱动系统的复杂性以及质量和体积，增加了辅助电池的维护和更换费用。

2)"燃料电池＋超级电容"（FC＋C）储能形式

"燃料电池＋超级电容"（FC＋C）储能形式完全摒弃了寿命短、成本高和使用要求复杂的辅助电池。采用超级电容的突出优点就是寿命长和效率高，希望能大大降低使用成本，有利于燃料电池电动汽车的商业化推广和应用。目前除了本田FCX燃料电池电动汽车等少数几款，真正完全使用超级电容的燃料电池电动汽车不多。

3)"燃料电池＋辅助电池＋超级电容"（FC＋B＋C）储能形式

如图4-1-4所示，"燃料电池＋辅助电池＋超级电容"（FC＋B＋C）是在动力总线上再并联一组超级电容，用于提供/吸收加速和紧急制动时的峰值电流，从而减轻辅助电池的负担，延长辅助电池的使用寿命。

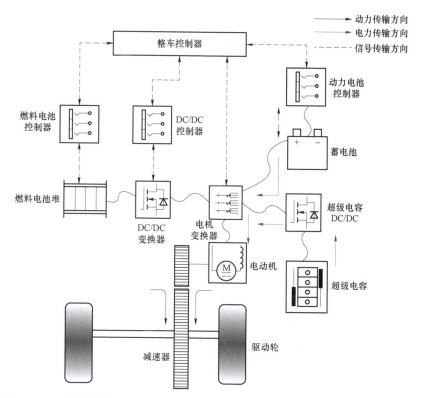

图4-1-4 "燃料电池＋辅助电池＋超级电容"（FC＋B＋C）储能形式的汽车结构

二、燃料电池电动汽车的结构特点

由于燃料电池电动汽车与传统内燃机汽车在构造及动力输出等方面有很大的不同，取消了传统内燃机汽车的发动机及变速器动力总成，燃料电池电动汽车采用了燃料电池反应堆、辅助电池、储氢罐、电动机、DC/DC 变换器等设备，制动系统和悬架也发生了相应变化，汽车的整体结构方面呈现独有的特点。

燃料电池电动汽车结构有哪些特点？

（一）冷却系统特点

对于一些关键部件，如质子交换膜燃料电池和辅助电池等，其热特性及传热性质与传统汽车有着很大的不同，为燃料电池电动汽车的冷却系统提出了新的目标和要求，燃料电池电动汽车也是通过水冷的方式来冷却，冷却系统布置在车头和前舱下部通风较好的位置，保证冷却系统正常、高效运行。具有如下特点：

（1）控制气体温度的变化范围。质子交换膜燃料电池的工作温度一般在 60 ℃～85 ℃，而进气温度低于该需求温度，因此，需要对进入燃料电池的气体进行预热加湿。同时，根据燃料电池系统水平衡的要求，对排气系统的气体温度进行冷却除湿。

（2）对部件温度水平进行均匀化控制。燃料电池、辅助电池组等要求系统各部分温度基本一致，以保证其工作性能。为了提高燃料电池温度的均匀性，要求进出燃料电池的冷却液温差不大于 10 ℃。另外，出于简化设计、试验及提高通用性和可靠性等方面的考虑，对系统各部件之间的温差也有一定的要求。

（3）控制反应温度极限。动力系统的大部分部件和设备，需要控制反应温度极限。若燃料电池局部温度不平衡，如温度高于 100 ℃时，质子交换膜将出现微孔，使空气系统混合有逸出的氢气，这将导致严重的安全事故。

（二）底盘系统特点

底盘与燃料电池电动汽车的总布置方案息息相关，与燃料电池电动汽车动力系统架构及其集成度联系紧密，同时也影响着燃料电池电动汽车的外观与内部空间，因此燃料电池电动汽车的底盘具有比较明显的特点。

底盘系统包含悬架、制动、转向等子系统，在传统意义上它影响着整车的舒适性、安全性与操控性，而对于新能源汽车而言，它的影响更加深远。新能源汽车的底盘系统需要适应于车载能源的多样性，适用于高度集成的系统模块。

与其他各类新能源汽车类似，燃料电池电动汽车的底盘有两大类：一类是在传统车平台的基础上，根据需求进行局部改进，称为改装型底盘；另一类是摒弃传统思维，采用全新的设计，称为创新型底盘。

1. 改装型底盘

在开发燃料电池电动汽车之初，大部分设计思路是在现有平台上进行重新布置。根据其他部分系统方案的更改，对底盘各子系统进行设计或更改。使用这种思路，可以保持底盘框架不改变，制动、转向、悬架、传动各子系统在保持工作原理基本不变的前提下做相应改变或调整，最大限度沿用了传统车的成熟零部件，如图 4-1-5 所示。

改装型底盘尽可能沿用传统车底盘，根据新系统的需要进行部分改装工作，其开发难度小、开发成本低、开发周期短。由于传统车的设计有承载式车身与非承载式车身的区别，

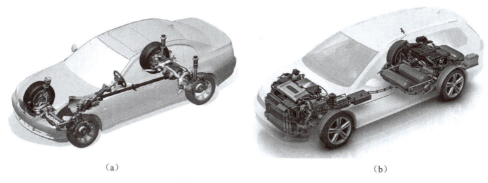

图 4-1-5 改装型底盘

(a) 某传统燃油汽车底盘；(b) 某燃料电池电动汽车底盘

两种车型在总布置方面区别很大，它们在燃料电池电动汽车设计中所展现的特点与前景也不尽相同。

1) 承载式车身

采用承载式车身，动力总成等部件都需在车身上寻找悬置点，副车架原则上不承担质量。此类结构，使得车身上的悬置设计工作变得复杂，不利于量产化，并需要进行大量的 CAE 分析工作。同时因为布置空间不规则，总布置的难度较大。

上海汽车目前已有的几款车型均采用这类底盘形式，在整体优化设计理念的指导下，于悬置设计上有所创新，推出了集成框架，使得车身悬置集成度大大提高，克服了这类底盘设计在量产化上的劣势，如图 4-1-6 所示。

图 4-1-6 上海汽车传统燃油汽车底盘与燃料电池电动汽车底盘

(a) 燃油汽车底盘；(b) 燃料

类似的车型设计还有很多，比如通用汽车的氢动 3 号是基于赛飞利的构架，而 Equinox 燃料电池车则是基于 Equinox 原车的构架，如图 4-1-7 所示。

2) 非承载式车身

现在有很多汽车平台依然采用非承载式车身，底盘有大梁，形成一个大框架，且能承

图4-1-7 Equinox 燃料电池车

重,可将动力系统等部件布置于底盘框架之中。该框架结构的空间规整,可在设计初期就整体规划各部件的集成度和布置位置,这大大降低了总布置的难度,且重心低、车身改制量小。

通用汽车于2007年推出的Volt所采用的就是此类底盘结构。这款拥有E-Flex系统的汽车,其"Flex"的因素中,底盘框架是必不可少的一部分。E-Flex系统能够在同一框架结构下便捷地更换不同的动力系统,而总布置却无须做大的变动。非承载式车身下的底盘框架带有大梁,以其大而规整的布置空间为E-Flex系统的实现提供了可靠的平台,如图4-1-8所示。

图4-1-8 通用Volt(混合动力型)底盘

开发燃料电池电动汽车,无论是采用承载式车身还是非承载式车身,其设计方向都是依据传统车的平台来进行开发。该种底盘设计具有开发周期短、开发成本低等优点。承载式车身多用于小型车,非承载式车身多用于SUV等。两者相比,承载式车身结构较非承载式车身结构总布置难度更大,驾驶舱与乘客舱内空间较小,对车身设计的限制性更大,不便于维修与保养。然而,在整体优化设计理念的指导下,不论采用哪种底盘结构,都应在设计初期考虑各零部件系统的集成化,为总布置与底盘件的改制或重新设计提供思路,这样才能克服自身的弱点,提高经济效益。

2. 创新型底盘

进行创新设计,是以整体优化设计为指导思想,构思全新的平台或者全新的汽车理念。它没有固定的思路,动力系统以及其他各个功能系统都有着无限的创新空间,同时各系统之间也要完全匹配,从而提高整车性能。对底盘系统而言,底盘的框架结构、各子系统的工作模式均可做出全新的设计。

创新设计的特点是，无前例可循，从概念到功能实现都要从无到有并一步一步完善，开发难度大、开发成本高、开发周期长，可沿用的平台、零部件资源匮乏，可借鉴的经验很少。但是，正因为起点是零，设计之初便可以遵循整体化设计的理念，带来更优化、集成度更高、性能更卓越的燃料电池电动汽车。适用于燃料电池电动汽车的底盘设计方向性的改革始于"滑板式底盘"的出现。下面就结合滑板式底盘的应用来阐述底盘创新设计的特点与前景。

图 4-1-9 所示的"滑板式底盘"是通用公司的一项创新，它彻底推翻了传统底盘的模式。从 2002 年的 Autonomy 到 2003 年的 Hy-Wire 再到 2005 年的 Sequel，通用公司将该全新方案实现了从概念到可行到成功实现的演进。

图 4-1-9 通用"滑板式底盘"

创新设计采用了铝制滑板式底盘，其厚度为 11 in（28 cm），框架内集成了轿车所有的核心系统（推进系统、车载储能系统）以及变速、转向和制动部件，并提供唯一的通向车身的电气连接。同时由于采用了 By-wire（线传操控技术），底盘系统的各个子系统也进行了创新设计：制动系统、转向系统等采用了电子控制，而不再通过传统的机械方式进行控制，因此踏板、转向柱等都可取消，节省了总布置空间。

以 Sequel 为例，其线传操控制动系统（Brake-by-wire）取代了依靠机械控制的传统制动，不仅节省了布置空间，而且能够在再生制动与传统制动之间进行混合制动，以缩短制动距离；其线传操控转向系统（Steer-by-wire）使用两台电机控制前轮转向，一台电机控制后轮。后轮转向能力使车辆的转弯半径从 12.8 m 减小到 11.3 m，改进了转向操控性。此外，Sequel 还设有紧急机械转向系统，以备万一。Sequel 的悬架系统采用带有可控（阻尼）减振元件的独立双横臂（A 臂）前悬架，而后悬架采用独立双横臂悬架装置与后轮轮毂电机连接，带有可控阻尼的减震器。

滑板式底盘的应用使得汽车具有以下优势：

（1）车身设计自由度很大，平板式的底盘与车身相对独立，给车身的造型设计提供了更大的空间。线传操控系统使得底盘与车身之间仅需要通过一个船坞式的接口相连，这为重新改造车身内部结构创造了条件。采用这种底盘，可以根据客户需求随意定制车身造型、车身风格以及内饰的设计。

（2）总布置难度降低，内部可利用空间增大。由于底盘是扁平的整体框架，而且安置在底盘上的燃料电池动力系统的集成度高，线传操控系统使得转向系统与制动系统所占空间大大减小，因此总布置的可利用空间相对增大，布置难度相对降低，相应的车内可用空间也有所增大。

（3）制造、维护大大简化。这得益于底盘的整体化设计，零部件少，集成度高，制造、装卸的工艺复杂程度降低，同时也便于维护。

（4）出色的操控性。由于所有核心系统都布置在底盘上，因此车辆重心非常低，这就提高了汽车的驾驶操控性。

（5）碰撞安全性高。整副底盘在制造过程中保证 50:50 的前后配重，符合严格的碰撞安全标准。若发生碰撞，坚固的底盘能吸收绝大部分冲击力，使乘客舱免于因碰撞而内陷。

然而，滑板式底盘技术也存在着尚未解决的劣势：它目前仅适用于燃料电池电动汽车，还未在其他电动汽车中尝试过，适用范围较窄；采用非机械式底盘控制，对线传操控系统的依赖度很高。

三、实例分析：本田 FCX Clarity

本田自 1992 年开始致力于发展电动汽车以来，一直积极进行燃料电池电动汽车的研制工作。本田燃料电池车首次亮相于 1999 年，到现在其燃料电池电动汽车的发展已经发生了很大的变化。

本田新一代的燃料电池电动汽车 FCX Clarity（见图 4-1-10），以本田独创的燃料电池堆"VFlow FCStack"技术为核心，实现了燃料电池车所特有的 CO_2 零排放。

实例分析：本田 FCX Clarity

本田 FCX Clarity 的电动机可从燃料电池获取 100 kW 的电流，在 13 500 r/min 的转速时可提供 98 kW 的功率及 256 N·m 的扭矩，能够以大约 9.2 s 的时间驱动一辆中型轿车由 0 加速至 60 mile/h（96.6 km/h）。这和装备了 130 kW 功率、2.4 L 直列四缸发动机的 2008 款本田 Accord 轿车的加速时间一致。氢消耗量约为每升燃料行驶 30 km。

图 4-1-10　本田 FCX Clarity

项目四 燃料电池电动汽车

（一）动力系统布置结构

由本田 FCX Clarity 燃料电池车的结构布置（图 4-1-11）可见，氢燃料存储装备布置在车身的下方，燃料电池则放置在车尾部。锂离子电池作为辅助的动力电池布置在车前部，通过驱动电机直接驱动燃料电池电动汽车的前轮。

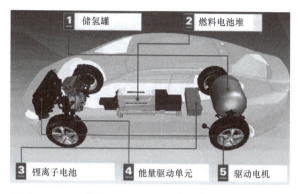

图 4-1-11　本田 FCX Clarity 燃料电池车的结构布置

（二）燃料电池堆

FCX Clarity 搭载 Honda 新开发的燃料电池堆"VFlow FCStack"（见图 4-1-12），采用 Honda 独创的氢气和空气竖直流动的"VFlow 电池单体结构"，还采用使氢气和空气波状流动的"波状隔板"。新型燃料电池堆的最高功率可提升至 100 kW，与上一代燃料电池堆相比，体积功率密度提高 50%，质量功率密度提高 67%，低温起动性能提升至 -30 ℃以下。Clarity 燃料电池发动机的直角造型使它便于安装在轿车上。垂直结构还可以更有效地提升燃料电池冷却、氢电转换和低温下的工作性能。因为电池是垂直分布的，因此表面的水分会向下排出，使它不会结冰。来自燃料电池的电流对 288 V 的锂离子电池组进行充电或者驱动电机进行工作。

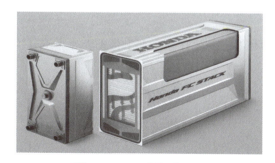

图 4-1-12　燃料电池堆

（三）动力电池组

本田合作开发的紧凑型锂离子电池的 FCX Clarity 燃料电池电动汽车（FCEV）中，锂离子电池作为一个补充电源，取代了在早期 FCX 原型车中的超级电容，其体积适合安放在车辆后部，从而节省了空间。

（四）驱动电机

如图 4-1-13 所示，FCX Clarity 采用功率达 100 kW 的交流永磁同步电动机，最大输出扭矩为 189 N·m。与上一代相比，整体动力单元的质量功率密度增加 1 倍，体积功率密度增加 1.2 倍，实现了轻质小型化和高功率的高度统一。此外，节能性提高 20%，续航里程提高 30%。

图 4-1-13　FCX Clarity 驱动电机

在线测验

扫描下方"测验二维码"进入资源库平台的在线测验页面。

在线测验

成果提交

小组成员共同完成该任务，并按任务要求上传至资源库平台（或空间）。

成果提交

拓展提升

一、拓展任务

（一）燃料电池电动汽车推广存在的问题

燃料电池电动汽车虽然较传统的汽油汽车、混合动力汽车以及纯电动汽车有技术上的优势，却一时难以普及，原因是多方面的。

（1）燃料电池的成本过高是制约燃料电池电动汽车发展的最大阻碍。

（2）适应性、可靠性和耐久性需进一步提高。燃料电池电动汽车在不同气候（如高低温地区）、不同环境（如高海拔或风沙大的地区）以及不同交通状况（如频繁变化工况或频繁起停工况等）下的适应性还比不上传统汽车。另外，燃料电池的寿命也较传统内燃机短，故障率也相对较高。

燃料电池电动汽车推广有什么问题？

（3）配套基础设施建设成本较大。目前最方便的加氢站建设方案就是在传统加油站的基础上进行改造。以美国为例，如果将全美的加油站全部改造成加氢站，将至少花费近20亿美元。

（4）氢气制取存在困难。现在主要通过煤炭与水的反应、天然气重整以及电解水等方式生产氢气。这些方法无一例外地存在成本较高的缺点。

燃料电池电动汽车具有其独特的技术优势，在不久的将来可能作为终极解决方案替代传统的内燃机车辆、混合动力汽车，甚至是纯电动汽车，成为我们日常生活必不可少的一部分。但从目前的情况看，燃料电池电动汽车如果要在产业化发展方面取得突破，还需要着力解决以上提到的几个问题。总之，尽管国内外燃料电池电动汽车的开发和示范都取得了一定的进展，但它仍是处在发展中的技术，其产业化的时间至少还需10年。而且作为新兴产业，燃料电池产业化的过程要比传统产业的技术革新更为困难。因此，国际上成立了氢能经济合作伙伴计划，通过各国的共同努力，燃料电池电动汽车相关产业得到了更快更好的发展。我国也已经在这一研究领域占有一席之地，希望未来中国的燃料电池电动汽车行业能够更快地向前发展。

（二）燃料电池电动汽车的发展趋势

随着人们环保意识的不断增强，越来越多的人开始文明出行、绿色出行，新能源汽车也成为很多车主的第一选择。燃料电池电动汽车作为新能源汽车发展的终极目标，当前已进入市场导入期，这里简单介绍其发展趋势。

1. 国外燃料电池电动汽车发展现状

燃料电池具备零排放、能量转换率高、能量密度高、电池寿命长及加氢时间短等综合优势，被视为发展新能源汽车的"最优路径"

燃料电池时代真的来了吗？

之一。随着产业链逐步成熟及丰田 Mirai 等现象级产品的推出，燃料电池电动汽车的高速发展迎来曙光。

美国和日本是燃料电池发展和示范的主要领域。在美国能源部、交通部和环保局等部门的支持下，燃料电池技术近年来取得了长足的进步，福特、通用、丰田等汽车制造商参加了在美国加利福尼亚州（简称加州）的燃料电池电动汽车的技术示范和运营，并培育了联合技术公司、巴拉德等国际知名的燃料电池研发和制造企业。美国计划于 2017 年建成至少 84 座加氢站，达到单站日产 500 kg 以上的氢气产量。日本计划在 2025 年前建成 1 000 个加氢站；到 2030 年计划建成覆盖全国的加氢站数量达到 5 000 个，燃料电池电动汽车的比例超过 10%。

2. 国内燃料电池时代将来临

在环保关注度提高、国家政策推动及车企投入热情加大的趋势之下，技术的逐步成熟将是燃料电池电动汽车产业化的关键因素。

目前我国对燃料电池电动汽车的政策导向明确，国内多家企业在燃料电池系统、关键部件、辅助系统、整车制造及加氢站等方面积极布局，产业链初具雏形，关键技术仍有待突破。氢燃料电池车是我国整车厂商特别是自主品牌新的发展机遇之一，具有前瞻性的优质整车企业有望在燃料电池电动汽车的发展浪潮中把握这一机遇。虽然目前国内产业链在燃料电池关键技术上仍与国际巨头存在技术差距，但整车厂商有望通过与国外先进燃料电池部件厂商合作，率先在燃料电池领域加大量产车型投入，由此带动国内上、中游产业链的逐步成熟。

随着成本下降及政策支持这两条贯穿国内燃料汽车行业发展的主线，未来 2~3 年随着加氢站等配套设施逐步完善、行业内领先技术继续突破、国内产业链技术逐步成熟、整车厂商推出代表性量产车型等行业拐点信号的出现，我们判断 2019—2020 年有望成为国内燃料电池电动汽车行业的拐点之年，也是下一阶段行业高速发展的起始点。

（三）国外知名车企燃料电池电动汽车研发成效

随着石油资源的不断消耗，传统燃油汽车在未来将被新能源取代已成定局。燃料电池车作为新能源汽车发展的终极目标，当前已进入市场导入期。丰田、本田、现代、宝马、奔驰、奥迪等国际车企都在紧锣密鼓地研发燃料电池车。下面介绍这六大车企燃料电池电动汽车研发成效。

1. 丰田

丰田从 1992 年开始研究燃料电池技术，比其混合动力技术研发时间还早。但是由于相关技术相对滞后，成本居高不下，而且加氢站不足，因此发展进程一直不如混合动力技术快。最终在 2014 年年末，丰田发布了量产版氢燃料电池电动汽车"Mirai"（见图 4-1-14），售价 723 万日元（约人民币 41.5 万元）。

燃料电池电动汽车 6 大车企

2017年2月，由于输出电压问题，丰田召回已售出的2 840辆Mirai燃料电池电动汽车。关于召回后的处理方式，丰田称升级电池系统的固件即可，并不需要消费者额外的费用。

根据销售计划，至2017年，丰田Mirai的销量将不低于3 000台，且到2020年年底，销量将有望达到30 000台左右。其最大输出功率为114 kW，并且可在9.6 s内从静止状态加速至100 km/h，单次充氢后，新车的续航里程可达到483 km。

图4-1-14 丰田全新Mirai

丰田在Mirai燃料电池组基础上改造开发了燃料电池（FC）巴士（见图4-1-15），车内总共安装了10个用于储存氢燃料的高压罐，总容量600 L。它们总共能产生226 kW的功率以及670 N·m的扭矩。2017年2月，丰田已经向东京都厅交通局交付了首批燃料电池（FC）巴士。这些巴士还会被部署到2020年东京奥运会上。

图4-1-15 丰田燃料电池（FC）巴士

2. 本田

本田早在1999年的东京车展上就展示了名为FCX的燃料电池车，并于1999—2001年期间推出多次试验车，为量产做出准备。2002年FCX就以3门车型在美国加州和日本进行租售式发售。这款车也是世界上第一部官方认证的燃料电池车。2005年更有私人购买了FCX。2008年推出的FCX Clarity，最大续航里程372 km，也成功地走向全球市场，一直到2014年时停产。2016年，其换代车型Clarity Fuel Cell登场。

图4-1-16所示的本田全新Clarity燃料电池电动汽车已于2016年一季度在日本上市，

图4-1-16 本田全新Clarity燃料电池电动汽车

价格约为 44 万元,并于同年 12 月在美国开始交付消费者。该车型装置了共 141 L(前面 24 L、后面 117 L)的燃料箱,而且耐压高达 70 MPa,搭配一台 130 kW 的电动机推动,让 Clarity Fuel Cell 最大里程达到 750 km,比上一代车型提升了大约 30%。

2017 年,本田和通用汽车分别出资 8 500 万美元,建立燃料电池系统制造基地,预计该工厂将于 2020 年投产。新工厂的建立旨在迎合两家公司以及其他跨国公司对氢燃料电池动力系统和相关技术的需求。

3. 现代

现代汽车集团对氢燃料电池电动汽车的研发始于 1998 年,是最早在这一领域取得成就的汽车制造商之一。现代在 2000 年 11 月首次推出了圣达菲氢燃料电池车;2006 年独立研发成功途胜氢燃料电池车;2013 年 2 月,第三代车型 ix35 FCEV 首次量产,这也是全球首款量产的燃料电池电动汽车,售价高达 14.4 万美元(当时约合人民币 85.5 万元)。

图 4-1-17 所示的现代 ix35 FCEV 搭载了一套输出功率 100 kW 的燃料电池系统,两个储氢罐,续航里程达 594 km,最大功率为 134 ps,最大扭矩为 221 N·m,最高速度达 160 km/h,完全能够满足日常使用的需求。与普通燃油车型相比,ix35 FCEV 另一大优势是在 -20 ℃ 的环境中依然能够正常点火行驶。

图 4-1-17 现代 ix35 FCEV

在 2017 年 3 月的日内瓦车展上,现代发布了图 4-1-18 所示的全新 FE Fuel Cell 氢燃料电池概念车。相较途胜 ix35 燃料电池车,新车的动力配置更加轻量化,质量减小了 20%,续航有望达到 348 mi(约 560 km)。同时,全新 FE Fuel Cell 概念车的燃料效率提升了 10%。现代将基于全新 FE Fuel Cell 概念车打造一款 SUV 燃料电池车,这款新车于 2018 年 1 月全球上市。

图4-1-18 现代全新 FE Fuel Cell

4. 宝马

宝马曾经在2007年推出一款氢能7系轿车（见图4-1-19），并在中国进行过宣传。虽然有"氢能"二字，但其只是可以燃烧氢气的内燃机车，而非依靠氢燃料电池进行化学反应产生电能的产品。这次尝试，宝马只制造了100辆试验车，而最终也因"烧氢气"不太靠谱而未将其大规模推广。到2015年，宝马展示了基

图4-1-19 宝马氢能7系轿车

于宝马i8和5系GT车型的氢燃料电池原型车，此后宝马对此种车型的研发工作从未停止过。

宝马-丰田早在2013年就开始共同合作研发燃料电池技术，全新宝马燃料电池车预计2020年推出，新车将拥有超长的续航里程，且新车将是一款大尺寸轿车。目前，宝马计划在iNext车型的基础上开发燃料电池版汽车。

宝马预计电动车的需求量将在2023年后大幅度增长。届时，宝马专门开发的新生产平台将投入使用，平台生产不同驱动形式的新车型，实现电动车、燃油车和燃料电池车使用同一生产平台。

宝马近期基于宝马i8打造了图4-1-20所示的i8氢燃料电池测试车，试验车在i8尾部原本安装发动机的部位安装了氢燃料电池，该电池为电动机供电，这套动力系统的最大功率可以达到188 kW，而其排放物只有水。目前宝马并没有计划打造一款量产版氢燃料电池i8车型。

图4-1-20 宝马i8氢燃料电池测试车

5. 奔驰

奔驰数年前就已开发出氢燃料电池车,但由于售价高昂,一直停留在路试阶段,迟迟未推向市场。而现在,奔驰 GLC Cell 的燃料电池堆尺寸较之前减小了 30%,且贵金属铂的使用量减少了 90%,因此成本也大幅降低。据悉,奔驰 GLC Cell 仅需 3 min 就能完成加氢工作,与传统车加油时间接近。

2016 年 6 月,奔驰推出了一款全新氢燃料电池概念车,该车搭载了一套结构紧凑的电池系统,由奔驰与福特联合开发。新车于 2017 年上市,命名为 GLC fuel-cell(见图 4-1-21),由于该车需要加氢,所以新车前期将仅在日本和美国加州投放。奔驰 GLC fuel-cell 还是第一款可外接充电的氢燃料电池车型。新车搭载了一套 8 kW·h 的电池组,安装在后方储氢罐上方。两个储氢罐储存的能量可提供约 451 km 的续航里程,而搭载的电池组则可以提供约 48 km 的续航里程,新车的总续航里程可以达到 500 km。

图 4-1-21　奔驰 GLC fuel-cell

另外,奔驰曾在 2015 年东京车展上发布了一款名为 Vision Tokyo 的概念车(见图 4-1-22),这款车定位于厢式车(Minivan),在动力系统的匹配上,新车采用氢燃料电池系统进行驱动,新车的综合续航里程可达到 980 km,其中纯电的续航里程为 190 km。

图 4-1-22　Vision Tokyo 的概念车

6. 奥迪

奥迪曾在 2015 年斥资 1.12 亿美元购买加拿大巴拉德动力系统（Ballard Power Systems）公司研发的燃料电池技术，希望大力发展清洁能源汽车。

大众集团将燃料电池的研发工作转向其豪华轿车品牌奥迪，并且加速系列车型的上市。近日，全球著名的燃料电池公司——加拿大巴拉德动力系统公司宣布，基于现行大众集团与巴拉德所达成的长期技术解决项目，汽车原始设备制造商奥迪已经向巴拉德发出采购订单，以加快某一关键的研发活动。

大众集团在"2025 战略"中强调了其在电动汽车方面的规划，而旗下豪华品牌奥迪在同时推进氢燃料电池车和纯电动汽车技术。奥迪将引领大众集团氢燃料电池车的发展，承担领衔研发氢燃料电池车的任务。

在 2016 年年初的北美车展上，图 4-1-23 所示的奥迪 h-tron quattro 氢燃料电池概念车首次亮相。奥迪 h-tron quattro 搭载的是第五代氢燃料电池动力系统，其中前轮电机功率为 120 ps，

图 4-1-23 奥迪 h-tron quattro 氢燃料电池概念车

后轮电机功率为 188 ps，新车 0~100 km/h 加速时间不到 7 s，极速可达 200 km/h。充电方面，新车可在 4 min 内充满氢气，燃料加满时可以拥有 600 km 的续航里程。奥迪 h-tron quattro 的量产版有望在 2020 年推出。

燃料电池电动汽车有望成为新能源车发展的下一个风口，虽然目前尚处产业化前期，但随着燃料电池技术的成熟以及加氢站数量的增多，预计未来几年燃料电池电动汽车数量将逐年大幅提升。

综合以上分析，请深入了解燃料电池电动汽车的未来发展，并提交分析报告。

二、拓展训练

1. 请简单阐述燃料电池电动汽车总体构成。
2. 燃料电池电动汽车的底盘系统有哪些特点？
3. 燃料电池电动汽车的燃料电池动力总成组成结构有哪些特点？
4. 全新本田 FCX Clarity 与前一代相比较，有哪些改进？

任务 4-2　分析燃料电池电动汽车的核心部件

 任务引入

燃料电池电动汽车实际上是电动汽车的一种，但是其"电池"是氢氧混合燃料电池，可以在 5 min 内灌满燃料，而不是等上几个小时来充满电。纯燃料电池电动汽车只有燃料电池一个动力源，汽车的所有功率负荷都由燃料电池承担。目前燃料电池电动汽车多采用混合驱动形式，在燃料电池的基础上，增加了一组电池或超级电容作为另一个动力源。这种结构的汽车中就有质子交换膜燃料电池、DC/DC 变换器、超级电容、蓄电池等核心部件。因此，本任务就是学习燃料电池电动汽车的核心部件。

 任务描述

通过本任务的学习，你将掌握燃料电池电动汽车的质子交换膜燃料电池、DC/DC 变换器、超级电容、蓄电池和氢燃料供应与存储装置。为了加强认识，请任选一个部件进一步学习，分析其结构、特点、应用等。从网上或图书馆搜索更多信息，上传到学习平台，并在学习小组或班上进行简短汇报。

 学习目标

● 专业能力
1. 能够掌握燃料电池电动汽车的质子交换膜燃料电池的工作原理。
2. 能够掌握燃料电池电动汽车的 DC/DC 变换器、超级电容和蓄电池的特点。
3. 能够掌握燃料电池电动汽车的氢燃料供应与存储装置的特点。

● 社会能力
1. 树立能源安全和节能环保意识。
2. 具有较强的分析问题并撰写分析报告的能力。
3. 强化汇报沟通的能力。

4. 加强小组协同学习的能力。

- **方法能力**

1. 通过查询资料完成学习任务，提高资源搜集的能力。
2. 通过制作报表，提升分析报表制作的能力。
3. 通过完成学习任务，提高解决实际问题的能力。

一、质子交换膜燃料电池

早在 19 世纪，英国法官和科学家 William Robert Grove 爵士就首次发现了燃料电池的工作原理。1839 年，Grove 将两条白金带分别放入盛有氢和氧的瓶中，当把两个瓶放入稀硫酸溶液中时，有电流在两个电极间产生。Grove 还将几个这种装置串联起来，最终得到了他所称为的"气体电池"，如图 4-2-1 所示。

质子交换膜燃料电池是什么？

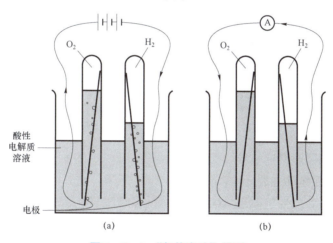

图 4-2-1 "气体电池"模型

真正能工作的燃料电池来自剑桥大学的工程师 Francis Thomas Bacon 博士的工作。1959 年，他制造出一台能足够供焊机使用的 5 kW 碱性燃料电池。20 世纪 60 年代初期，美国国家航天局（NASA）为了寻找为一系列无人航天飞行提供动力的方法，资助了一系列研究合同，最终获得第一个质子交换膜电池。到 20 世纪 90 年代，加拿大公司 Ballard 在 1993 年生产出第一辆燃料电池电动汽车。

按电解质的种类不同，燃料电池可分为碱性燃料电池、磷酸燃料电池、熔融碳酸盐燃料电池、固体氧化物燃料电池、质子交换膜燃料电池等，其中磷酸燃料电池、质子交换膜燃料电池可以冷起动和快起动，可以作为移动电源，满足特殊情况的使用要求，更加具有竞争力。质子交换膜燃料电池（Proton Exchange Membrane Fuel Cell，PEMFC）具有工作温度低、比能较高、起动快、寿命较长、应用广泛等特点，被认为是解决能源危机和环境污染的最具前景的方案之一。

（一）质子交换膜燃料电池的基本原理

图 4-2-2 所示为质子交换膜燃料电池的工作原理示意图。以氢气为燃料，在阳极催化剂作用下，氢分子解离为带正电的氢离子（即质子）并释放出带负电的电子；氢离子穿过质子交换膜到达阴极，电子则通过外电路到达阴极，电子在外电路形成电流；在电池另一端，在阴极催化剂作用下，氧与氢离子及电子发生反应生成水。

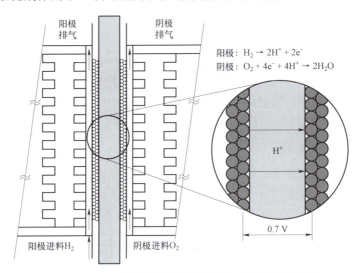

图 4-2-2　质子交换膜燃料电池的工作原理示意图

（二）质子交换膜燃料电池堆

作为燃料电池系统的主要元件，如图 4-2-3 所示，燃料电池堆包括电极、质子交换膜（PEM）、双极板、气体扩散层（GDL）、端板等部件。电极、PEM 和 GDL 集成在一起成为膜电极（MEA），它是燃料电池堆的主要部件。电极是 PEM 和 GDL 之间具有电传导

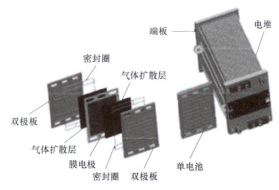

图 4-2-3　质子交换膜燃料电池反应堆

性的一层加压薄层,也是电化学反应发生的地方。PEM 是氢质子传导的介质,是位于阴极催化层和阳极催化层之间的一层薄膜,PEM 的性能直接影响整个燃料电池堆的性能。双极板用于支撑膜电极,并收集单电池电流。所有的单电池通过双极板串联在一起,提供满足车用动力需求的电功率。

(三)质子交换膜燃料电池系统

为了满足一定的输出功率和输出电压的要求,通常将燃料电池单体按照一定的方式组合在一起构成燃料电池堆,并配置相应的辅助设备(Balance of Plant,BOP),构成燃料电池系统。用作车辆动力源的燃料电池系统,称为燃料电池发动机。燃料电池堆是燃料电池发动机的核心,BOP 维持燃料电池堆持续稳定、安全地运行。燃料电池发动机辅助系统主要包括空气压缩机、氢气循环泵、压力调节器、燃料电池用加湿器以及系统控制单元。以氢气为燃料的燃料电池发动机的典型结构如图 4-2-4 所示。

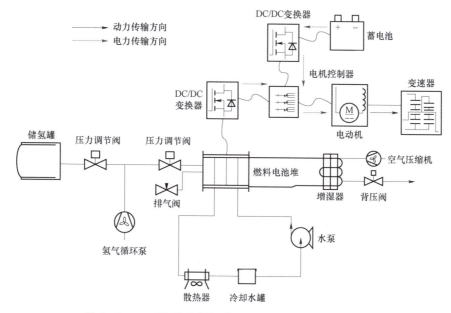

图 4-2-4 以氢气为燃料的燃料电池发动机的典型结构

BOP 是燃料电池系统中的重要部件,要求具有高效、低噪声、高紧凑度、高可靠性、高耐用性、强鲁棒性和低成本等特性。这些特性是燃料电池系统当前和未来的研发活动中所必须考虑的因素。在 BOP 中,以空气压缩机和加湿器为主要部件。

1. 空气压缩机

空气压缩机是高压燃料电池空气供应的关键部件。不同的燃料电池系统匹配不同类型的空气压缩机,目前可选的几种空气压缩机类型包括:螺杆空气压缩机、透平式空气压缩机、活塞空气压缩机、卷轴空气压缩机等。空气压缩机的选择既要考虑空气压缩机的性能指标,也要考虑燃料电池系统的性能要求。空气压缩机的性能指标主要包括气体流量、轴功率、压缩比和效率等。

2. 加湿器

低温燃料电池系统需要加湿反应气体。目前，适用于燃料电池系统的加湿器类型有膜加湿器、焓轮加湿器和注水加湿器。图 4-2-5 所示为膜加湿器和焓轮加湿器所用的管壳式 G/G 型加湿器，它由一束管膜排列成，干燥的气体从管内侧流入，电池堆排出的气体从管外侧流过，把热量和水分传递给内侧气体。G/G 型加湿系统无须额外的水箱。加湿器依据进气和排气的流动方向可以设计成水平式和垂直式，其中水平式的要求进气和排气从同一个方向流入，而垂直式的则要求从相反方向流入。

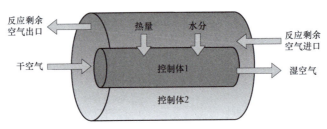

图 4-2-5　管壳式 G/G 型加湿器

3. 燃料电池系统控制单元

燃料电池系统控制单元（FCU）用于监控燃料电池系统，使其能在正常状态下工作。图 4-2-6 所示为 FCU 的结构，包括空压机控制模块、燃料电池系统控制模块以及电池电压监控模块。其中空压机控制箱接收燃料电池控制模块发送的控制信号，同时把反馈信号（如空气压缩机的转速等）发给燃料电池系统控制模块。燃料电池系统控制模块根据接收的各种信号，确定合适的控制参数，再通过 CAN 总线与车辆管理系统通信。电池电压监控模块用于监控电池电压，当电压过低时向燃料电池控制模块发送警告信号。

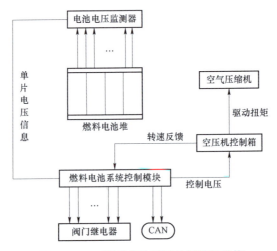

图 4-2-6　燃料电池系统控制单元结构

二、DC/DC 变换器、超级电容和蓄电池

图 4-2-4 中包括燃料电池堆、驱动电机、DC/DC 变换器、蓄电池、超级电容,以及众多的控制器,在质子交换膜燃料电池中介绍了燃料电池堆,驱动电机和蓄电池与其他电动汽车相似,这里主要介绍 DC/DC 变换器、蓄电池和超级电容。

1. DC/DC 变换器

DC/DC 变换器是一种起电压变换和电压稳定的设备。由于燃料电池的动态性能欠佳,而汽车的功率需求总是在较大的范围内动态变化,燃料电池很难随时满足汽车的功率需求,增加 DC/DC 变换器可以更好地响应功率变化的需求。

在燃料电池电动汽车混合动力系统中,燃料电池和辅助电池是整车所需能量的来源,DC/DC 变换器是整个动力系统能量流动的重要环节。DC/DC 变换器是燃料电池和辅助电池之间的一个周期性通断的开关控制装置,具有调节电压功能。DC/DC 变换器作为燃料电池系统电功率输出的直流变换器,把燃料电池系统的输出电压进行调压转换后再与辅助电池连接。燃料电池电动汽车在起动、加速时,辅助电池放电,供给电动机电能,驱动电动机加速。

DC/DC 变换器、超级电容和蓄电池

当燃料电池电动汽车减速时,要求电动机处在制动能量回馈状态,给辅助电池充电,实现再生能量回收,如图 4-2-7 所示。

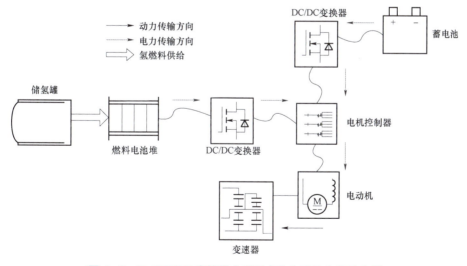

图 4-2-7 DC/DC 变换器在燃料电池电动汽车上的应用

2. 蓄电池

蓄电池及其管理系统是燃料电池混合电动汽车动力系统中的重要组成部分,它可以在汽车起动、加速、爬坡等工况下,当需要的驱动功率大于燃料电池可以提供的额定功率时,

释放存储的电能，从而降低燃料电池的峰值功率需求，使燃料电池可以工作在一个较稳定的工况下。而在车辆怠速、低速或减速等工况下，燃料电池功率大于驱动功率时，存储动力系统富余的能量，或在回馈制动时，吸收制动回馈的能量，从而提高整个动力系统的能量效率。

车载辅助动力电池作为燃料电池混合电动汽车的辅助动力源，其主要性能指标包括比能量（W·h/kg）、比功率（W/kg）和使用寿命等。

3. 超级电容

超级电容（见图 4-2-8）是一种电荷的储存装置，当电源的电压加载在电容器的两端时，电源的电荷就存储在超级电容中。利用这一特性，可以使用超级电容在电动汽车上进行储能，提供车辆行驶时所需的电能。超级电容也称为电化学电容器（也称为双电层电容器），是一种新型储能装置，可以在大电流下快速充放电，提供较大的瞬时充放电功率，循环寿命长，工作电压和温度范围宽。

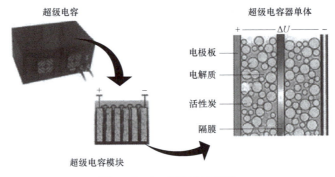

图 4-2-8 超级电容结构

超级电容是 20 世纪 60 年代发展起来的一种新型储能单元，具有功率密度大、充电时间短、使用寿命长、充放电效率高等优异特性，它与辅助电池组混合使用作为电动汽车的电力供应系统，被认为是今后解决电动汽车储能系统发展的最优途径之一。超级电容本质上依据静电型能量储存方式工作，是纯粹的物理反应，而且完全可逆。超级电容的充电和放电是由电解液中的离子运动实现的，这种能量储存过程与电池技术基于化学反应的过程相比较，没有任何化学键的结合或断开。

尽管超级电容能量密度是辅助电池的 5%或更少，但是高功率密度的特性可以应用在辅助电池不足之处，即辅助电池比相同尺寸的超级电容能储存更多的电能，但后者在功率及动态输出能力上却远比辅助电池要强。

三、氢燃料供应与存储装置

就燃料电池电动汽车的应用而言，将燃料供应给车载燃料电池是其主要的难题。氢是应用于燃料电池车的理想燃料，而发展氢能源需要解决三个方面的问题，即氢气的制备、氢气的储备和氢气的利用。

氢燃料是如何供应与存储的？

通常，有两种途径向燃料电池供应氢：一是在地面供应站生产氢气，在车上存储氢气；二是在车上，从易于含氢的承载装置中产生氢，并直接供给燃料电池。

氢是所有汽车燃料中质量能量密度最高的，几乎是汽油的3倍。但是，液氢的体积能量密度又是最低的，其低热值不到汽油的1/3。这意味着，在相同的能量要求下，液氢的体积是汽油体积的3倍多。而且液氢存储系统为了保证-253 ℃的低温，精密的控制系统与绝热技术、液氢瓶的体积和质量均高于汽油。采用压缩氢气的存储方式面临的体积问题更严重，35 MPa和70 MPa压缩氢气的体积能量密度分别为2.7 MJ/L、4.7 MJ/L。这表明相同质量的氢在35 MPa气态时的体积约是液氢的3倍。提高储气压力到70 MPa，虽然可以增加氢气的体积比能量，但氢气瓶的厚度也要相应增加，以保证高压的安全。

（一）氢燃料供应的基础设施

图4-2-9给出了从生产到装载到燃料电池电动汽车上的氢供应链。当考虑氢气的存储和运输时，必须从全局考虑。以低压形态保持氢气较为高效，但是这种形态的氢气在汽车上可存储量不高。车载氢气应选用压缩储氢或者金属储氢。车载存储技术必须同时满足多项要求，包括基础设施、成本和充电的能力。从车辆的角度考虑储氢技术应当满足以下几点：安全；性能（充电/放电，质量、体积）；成本；技术适应的基础设施；可扩展性（适用于小型和大型车）。

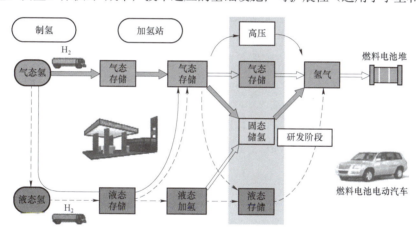

图4-2-9 燃料电池电动汽车氢燃料供应

（二）车载纯氢的储存

目前车辆上用得较多的是复合材料高压存储罐组成的高压储氢系统，如图4-2-10所示。这种储氢系统结构简单可靠，而且充放氢气方便。如果材料的可靠性能够得以保障，储氢罐有进一步轻量化的可能。但是由于固有的物理特性，高压储氢罐不能继续缩小，因此为了增加汽车的续航里程，高压储氢罐的体积必须

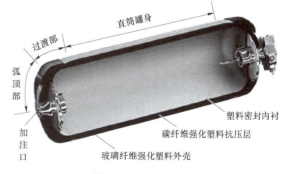

图4-2-10 储氢罐

与汽车的整体构型匹配。

(三) 车载氢气系统安全措施

与其他任何燃料一样，必须重视氢的物理特性。氢气很容易从小孔中泄漏。例如，对于透过薄膜的扩散，氢气的扩散速度是天然气的 3.8 倍。逸散的氢气与空气混合后，当浓度为 4%～75%时，就有被引爆的潜在危险。选择合适的储氢罐材料，可以有效地解决氢气泄漏问题。另外，也必须建立合适的氢泄漏监测系统来防止危险的发生。因此，车载氢气系统安全措施应从预防与监控两方面着手。

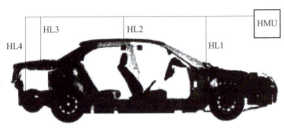

图 4-2-11　氢气泄漏传感器分布图

从监控的角度来说，主要是指氢气泄漏传感器和碰撞传感器。从图 4-2-11 中可以看出，氢气泄漏传感器的布置是按照氢气管路分布来布置的，在前舱、乘员舱、后舱和排气管上各装了一个氢气泄漏检测传感器，分别是 HL1、HL2、HL3 和 HL4。在车辆行驶过程中，HMU 将每隔 100 ms 采样一次 4 个传感器的值，并在每个传感器的 6 个采样值中，去除最大值和最小值，然后再将剩下的 4 个采样值求平均值，即得到一次采样有效值。任何一个传感器超过了报警值，HMU 将向 VMS 分别发出 I 级、II 级、III 级声光报警信号，所有传感器信号需直接传送到仪表盘的醒目位置，及时通知驾驶员，并根据故障等级发出不同的声光报警信号，并通知安全报警处理系统采取相应的安全措施。

而在车辆发生碰撞的情况下，整车控制系统能通过车上安装的碰撞传感器信号将氢气供应系统切断，这一点与传统汽车在发生碰撞情况下自动切断油路系统一样。

扫描下方"测验二维码"进入资源库平台的在线测验页面。

在线测验

项目四
燃料电池电动汽车

成果提交

小组成员共同完成该任务，并按任务要求上传至资源库平台（或空间）。

成果提交

拓展提升

一、拓展任务

（一）"超越系列"燃料电池电动汽车

同济大学、上海汽车集团股份有限公司等早在 21 世纪初就开始了燃料电池电动汽车的研发，技术领先程度并不输于国外同行。2002 年所研制的"超越 1 号"（见图 4-2-12）氢燃料电池车露面，随后几年，诞生了"超越 2 号"（见图 4-2-13）、"超越 3 号"（见图 4-2-14）以及上海牌燃料电池车，其搭载的氢燃料动力系统不断提升。

"超越系列"燃料电池电动汽车

图 4-2-12 "超越 1 号"燃料电池电动汽车

"超越2号"和"超越3号"燃料电池电动汽车,分别参加了2004年和2006年世界必比登新能源汽车挑战赛,与美国通用、福特、德国大众、戴姆勒-克莱斯勒以及日本等汽车公司研制的燃料电池轿车同场竞技,在7项技术测试中分别取得5项和4项技术A级奖,综合成绩名列前茅,而且燃料经济性和车外噪声测试指标位列第一。

与"超越1号"燃料电池电动汽车不同的是,"超越2号"燃料电池电动汽车的所有关键零部件都由我国自主开发。"超越2号"燃料电池电动汽车采用桑塔纳为原型车装配而成,每100 km氢消耗量从"超越1号"的1.39 kg下降到1.03 kg。与"超越1号"相比,"超越2号"起跑"爆发力"大有提高,从起步加速到100 km/h只需26.7 s,比"超越1号"整整缩短了约20 s,最高速度为118 km/h,续航里程达到197 km。"超越2号"采用完全由我国自主开发的电动机来替代"超越1号"的进口电动机。整车质量减小50 kg,燃料电池发动机功率提高6 kW,且可靠性和稳定性都超过进口发动机。

图4-2-13 "超越2号"燃料电池电动汽车

图4-2-14 "超越3号"燃料电池电动汽车

"超越3号"的最高车速达到123 km/h,0~100 km/h的加速时间为19 s,一次加氢的续航里程为230 km,燃料经济性为1.132 kg/100 km。

项目四 燃料电池电动汽车

超越系列燃料电池电动汽车动力系统平台有两大特点：第一，主动力源 FCE 提供持续的平均驱动功率，辅助动力源锂离子动力辅助电池提供加速所需的瞬态附加功率，从而可大大降低燃料电池的容量，降低对燃料电池发动机的瞬态响应要求，并可实现再生制动能量回馈，提高运行经济性；第二，采用恒流控制的 DC/DC 变换器与 FCE 串联，实现 FCE 与锂离子辅助电池输出功率的汇流，可按 FCE 实际输出能力较精确地控制 FCE 的功率输出；很好地实现燃料电池输出阻抗与驱动电机逆变器输入阻抗的匹配，并可大大提高整个动力系统的可靠性。

（二）奥迪 A7 燃料电池电动汽车

奥迪 A7 燃料电池电动汽车是奥迪推出的一款燃料电池混合动力汽车，这款概念车展示了奥迪在燃料电池、插电式混合动力、"e-quattro" 电动四驱等领域的深厚造诣。奥迪 A7 燃料电池电动汽车从静止加速到 100 km/h 仅需 7.9 s，最高车速可达 180 km/h，值得称道的是，满箱氢燃料行驶超过 500 km 的路程仅排放一些水。

奥迪 A7 燃料电池电动汽车

如图 4-2-15 所示的奥迪 A7 燃料电池电动汽车的外观与量产版奥迪 A7 并无二致，其最核心的部件是位于传统发动机舱的氢燃料电池，由 300 多个电池单元组成。其工作原理是氢气被输送到电池阳极后，被分解为质子和电子，质子到达阴极后与空气中的氧气反应变成水蒸气，同时电子提供电能，整个燃料电池的电压在 230～360 V。在燃料电池模式下，车辆仅需大约 1 kg 的氢就能行驶 100 km，产生的能量相当于 3.7 L 汽油，加满大约 5 kg 氢气只需要不到 3 min 的时间。

图 4-2-15 奥迪 A7 燃料电池电动汽车

奥迪 A7 燃料电池电动汽车的另一个特点是采用插电式混合动力概念，如图 4-2-16 所示，拥有一个容量为 8.8 kW·h 的蓄电池，位于后备厢的下方，可为车辆额外提供大约 50 km 的续航里程。蓄电池与燃料电池完美搭配，它能回收制动时的能量，并可在运动模式下让车辆的动力更为强劲。而当驾驶者按下 EV 键时，车辆只使用蓄电池驱动。

图 4-2-16　奥迪 A7 蓄电池和储氢罐

同时，奥迪 A7 燃料电池电动汽车电动四驱系统让车辆拥有更为稳定、运动的操控，其前后轴没有机械式的动力连接，前后轴分别设有两个电动机，每个电动机的输出功率为 85 kW，在电压短暂增加的情况下输出功率可增加至 114 kW，峰值扭矩为 270 N·m。在两个电动机的共同作用下，车辆的最大牵引力可达 540 N。控制系统可以根据车辆的行驶状况精准调节两个传动轴的扭矩分配，使 e-quattro 可媲美机械式的 quattro 四驱系统。

请从结构上对"超越 3 号"和奥迪 A7 进行对比分析，并提交分析报告。

二、拓展训练

1. 请简单阐述质子交换膜燃料电池的工作原理。
2. 燃料电池系统中为什么要用 DC/DC 变换器？
3. 超级电容和辅助电池相比各有哪些优缺点？
4. 氢燃料供应与存储装置有哪些需要解决的问题？

项目五

代用燃料汽车、其他清洁能源汽车

随着经济的迅速发展和汽车保有量的高速增长,我们正面临着汽车能源需求与环境保护的双重巨大压力。汽车行驶的主要燃料是从石油中提炼出来的柴油和汽油,据世界能源大会数据表明,我国石油的保有储量仅占世界的2.4%,成为纯石油进口国,我国石油的供应严重不足。另一方面,我国的汽车排放已成为城市大气环境的一个主要污染源。因此如何在后石油时代,针对我国自然条件和能源资源特色,逐步改变汽车能源结构,发展汽车清洁代用燃料,在发动机上实现高效、低污染的燃烧,控制汽车发动机有害污染物排放对我国城市大气质量带来的日趋严重的影响,已成为我国能源与环境研究中的一个十分重大和紧迫的课题。

本项目主要是学习代用燃料汽车和其他清洁能源汽车的结构和工作原理,包括"分析气体燃料汽车与液体燃料汽车"和"分析太阳能汽车"两个任务,通过学习和训练,将掌握气体燃料汽车、液体燃料汽车和太阳能汽车总体构成、分类,以及结构和原理等。同时,还要查阅大量资料,掌握调研的一些方法,具备制作简要报表或汇报PPT的技能。

任务 5-1　分析气体燃料汽车与液体燃料汽车

 任务引入

代用燃料汽车是指使用代用燃料来替代汽油或柴油的汽车。目前国内开发使用的汽车发动机代用燃料包括天然气、液化石油气、甲醇、乙醇、生物质燃料、氢气以及二甲醚等。代用燃料汽车的总体构成与传统燃油汽车是否有区别？代用燃料汽车可以分为哪些类型？本任务通过分析气体燃料汽车和液体燃料汽车来解决这些问题。

 任务描述

随着石油危机的屡次出现，发展车用替代燃料的迫切性日益增加。各种车用替代燃料在技术革新、政策扶持和市场竞争的推动下将实现重大技术突破和迅猛发展。随着传统能源供应趋紧、温室气体减排压力不断增大，发展替代能源已成为世界共识。大力发展替代能源、改善能源结构也是保障我国能源安全的必然选择。特别是交通领域，必将成为今后能源需求增长最快的领域之一。请您选择一种代用燃料汽车（如天然气汽车、氢燃料汽车、甲醇燃料汽车、乙醇燃料汽车和生物柴油汽车等），通过查阅资料了解其技术发展现状，做一个 PPT 汇报稿，将其上传到学习平台，并在学习小组或班上进行简短汇报。

 学习目标

- 专业能力
1. 能够理解并接受国家能源安全和节能环保战略。
2. 能够较熟练地说出代用燃料汽车的现状及发展趋势。
3. 能够清晰描述代用燃料汽车的定义和分类。
- 社会能力
1. 树立能源安全和节能环保意识。

2. 强化汇报沟通的能力。
3. 加强小组协同学习的能力。

● 方法能力

1. 通过查询资料完成学习任务，提高资源搜集的能力。
2. 通过制作PPT汇报稿，提升制作PPT简报的能力。
3. 通过完成学习任务，提高解决实际问题的能力。

一、车用代用燃料概述

（一）国内发展趋势

我国确立了"以可再生能源替代化石能源，以新能源替代传统能源，以优势能源替代稀缺能源"的替代能源发展总体战略，并将重点确定为发展多元化车用替代燃料。

为什么要发展代用燃料汽车？

（1）天然气汽车进入快速发展期。随着我国天然气管道的快速建设，有近30个省（自治区、直辖市）在推广天然气汽车。目前，我国已初步建立了完整的天然气汽车产业链，国内符合欧Ⅳ排放标准的天然气汽车已经投放市场。

（2）车用生物液体燃料（见图5-1-1）开发得到重视，非粮生物液体燃料成为根本方向。我国在"十五"期间建成了总产能为132万t的4家陈化粮燃料乙醇企业，在9个省市推广使用乙醇含量为10%的车用乙醇汽油（E10）。"十一五"是我国生物燃料产业的转型发展期，国家和有关部门制定颁布了《可再生能源中长期发展规划》等一系列法规和政策。在经济激励方面，中央财政对符合相关要求和标准的农林业原料基地实行补助。在此期间，一批民营企业和国有企业积极投身非粮生物液体燃料产业，加大了技术研发、原料基地和生产项目建设力度。目前，我国利用薯类、甜高粱、小桐子等非粮作物/植物生产燃料乙醇和生物柴油的技术已进入项目示范阶段。广西于2007年建成了年产20万t乙醇的木薯乙醇项目。纤维素乙醇燃料、生物质费托合成柴油燃料（BTL）、加氢生物柴油（HVO）、藻类生物柴油等第二代生物柴油技术目前尚处于技术研发阶段。

图5-1-1 生物加油站

从总体上看，我国生物液体燃料产业发展仍需克服如下挑战：一是原料资源基础仍然薄弱；二是技术产业发展水平不高；三是缺乏足够强的经济竞争力和抗风险能力。

（3）煤基合成燃料开发取得进展，但仍然面临环境威胁和技术瓶颈等制约因素。我国已形成比较成熟的煤制甲醇和二甲醚生产技术,也在部分地区开展了车用甲醇示范工作,已开始了二甲醚车示范运行,但分别由于环境风险和发动机燃料供给储运技术障碍而难以实现大规模推广。煤制油技术示范项目建设正在稳步推进。但是,煤制油在根本上仍存在二氧化碳排放强度高,能耗、水耗高,投资大,周期长等制约因素,在近期还需解决技术工艺不成熟、工程放大风险等问题。

(4)新能源汽车开发进展加快,但与实现产业化有一定距离。在 2008 年北京奥运会、2010 年上海世博会期间,我国汽车企业和科研机构提供了自主研发的一批电池汽车、混合动力客车/轿车、燃料电池汽车等各种新能源汽车为奥运会和世博会服务。不过,目前我国新能源汽车的发展还存在技术成熟度不够、关键零部件配套缺乏、可靠性和生产一致性差、市场导入期的成本较高等障碍,使得新能源汽车距离规模化量产和广泛使用尚有一定距离。

(二)国外发展趋势

(1)交通部门发展车用替代燃料的迫切性日益增加。国际能源机构(IEA)预测,在没有重大替代燃料技术突破的基准情景下,2030 年世界交通部门的能源消费和温室气体排放将分别比 2006 年增加 9.44 亿 t 油当量和 24 亿 t CO_2,分别占同期世界能源总消费增量的 18%和温室气体总排放量的 19%,届时交通部门在世界石油总需求中的比例也将增加到 57%。车用替代燃料得到许多国家的政府推动和政策扶持。欧盟委员会在 2007 年发布的《能源技术战略计划》中提出,要在今后通过开发推广第二代生物燃料、混合动力技术和氢燃料来实现交通部门的低碳化,2008 年年初又提出 2020 年使可再生燃料(主要是生物燃料)满足 10%道路交通燃料需求的目标。

(2)车用替代燃料的发展进程逐步加快,途径更加多样。从技术角度看,车用石油燃料的替代途径包括两种:一种是以适应现有车用内燃机为导向,利用非石油资源生产的液/气态碳氢燃料的直接燃料替代;另一种是以革新车用发动机和动力系统为导向,节约或彻底摆脱碳氢燃料的间接技术替代。预计在 2030 年前,传统的车用动力燃料技术体系仍将在道路交通体系中占据主流位置,使得车用燃气、生物液体燃料、煤基和天然气基合成燃料等直接燃料替代成为车用燃料替代的主要选择。

(3)天然气汽车是目前推广条件最成熟的清洁汽车。过去十几年来,日趋成熟的天然气汽车技术、相对较低的天然气价格和显著的污染物减排效果推动了天然气汽车保有量的快速增加。近几年世界天然气汽车保有量年均增长率超过 30%,而亚太地区增长率达到 50%。截至 2008 年 3 月,世界天然气汽车总量超过 850 万辆,其中大约 75%分布在阿根廷、巴基斯坦、巴西、印度和伊朗这五个国家。据统计,在相同的当量热值条件下,世界各国天然气的价格为汽/柴油的 30%~60%。作为技术成熟、资源丰富的清洁替代燃料,车用天然气具有较大的增长潜力,但是其未来发展前景从根本上取决于天然气对石油燃料的比价关系。

(4)生物燃料已成为车用替代燃料的最重要发展方向之一,正在酝酿技术和产业升级转型。目前已经实现商业化发展的生物燃料主要包括利用玉米、甘蔗、植物油等传统粮糖油原料生产的燃料乙醇和生物柴油,通常被称为第一代生物燃料(或传统生物燃料)。2007

年，世界主要国家的燃料乙醇和生物柴油产量分别达到约 4 000 万 t 和 880 万 t。近年来，国际社会日益重视发展以农林业废弃物、非粮能源植物、富油微藻等为原料的第二代生物燃料技术，主要是纤维素乙醇（丁醇）、加氢生物柴油（HVO）、生物质费托合成燃料（BTL）、合成醇醚燃料（生物甲醇和二甲醚）以及氢燃料等。中国和印度等一些国家目前还积极发展以甜高粱茎秆、麻疯树果实等非食用粮糖油植物为原料的燃料乙醇和生物柴油技术；鉴于这些生物燃料的技术成熟度介于传统生物燃料和第二代生物燃料技术之间，有时也被称为第 1.5 代生物燃料。研究显示，传统生物燃料在全生命周期内的化石能源替代率和温室气体减排率为 20%～60%，第二代生物燃料则提高到 50%～90%。因此，从资源潜力和能源环境效益角度看，第二代生物燃料被普遍视为未来的主要发展方向。国际能源机构预测，如果实现了第二代生物燃料的大规模生产应用，2030 年全球生物燃料使用量将达到 3.3 亿 t 油当量。但是，第二代生物燃料的大规模开发应用在技术突破、成本下降以及最优技术产品路线选择等方面仍然存在不容忽视的不确定性。

（5）煤基合成燃料发展缓慢，天然气基合成燃料开始进入产业化发展阶段。在国际上，煤基和天然气基合成燃料生产技术都已趋于成熟。但是，由于煤基合成燃料在生产使用过程中的 CO_2 排放强度比汽/柴油等石油燃料高 1～2 倍，所以在国际范围上并没有成为重要发展方向。目前全世界除南非和中国外，其他国家并没有启动煤制油（CTL）项目。天然气合成油技术（GTL）既可以高效开发利用分散的小规模天然气田，又能提供超清洁的汽车燃料，近年来在经济和环保因素驱动下明显升温。目前全球已建成 3 个商业化气制油项目。国际能源机构预计，全球天然气合成油产量将继续大幅增加，但有赖于进一步提高能源转换效率、降低生产成本、提升与液化天然气（LNG）的竞争力。

综合来看，各种车用替代燃料将在技术革新、政策扶持和市场竞争的推动下实现重大技术突破和快速发展。预计油电混合动力车和电动汽车将来主要用于中短途交通，生物燃料和可再生氢燃料未来将成为重型载货汽车、航运和航空等长途交通工具的最经济可行的替代燃料，而插电式混合动力车将在中间市场发挥最大作用。

二、代用燃料的分类及基本要求

（一）代用燃料的分类

由于代用燃料还处于研究发展阶段，以目前现有的代用燃料来分析，从热值可分为低、中、高热值及高能燃料，从形态可分为固体、气体及液体。汽车所使用的代用燃料，主要有气体燃料和液体燃料两种，如表 5-1-1 所示。

表 5-1-1　汽车代用燃料分类

	氢气、沼气
气体燃料	液化石油气、天然气
	炉煤气等

续表

液体燃料	醇类：甲醇、乙醇等
	经醇化处理的植物油甲基酯或乙基酯（生物柴油）
	煤制柴油

（二）代用燃料的基本要求

用于汽车的代用燃料应能满足下列要求：

（1）储量丰富，价格适宜，最好能用可再生资源生产。

（2）燃料的热值，尤其是混合气热值需满足内燃机动力性的要求。

代用燃料的分类及基本要求

（3）有利于降低有害排放物及二氧化碳排放，且不会有新的有害排放物产生。

（4）能满足车辆起动性能、行驶性能及加速性能等方面的要求。

（5）能量密度要求较高，储存运输方便。

（6）发动机的结构变动较小，技术上可行。

（7）现有的燃料，储运系统能用得上。

（8）对人类健康、环境保护及安全防火等无坏影响。

（9）对发动机的寿命及可靠性没有不良影响。

一种代用燃料要全面良好地满足上述要求是困难的，但应满足主要要求，并在采取技术措施的情况下能基本满足各方面的要求。处于研究发展阶段的代用燃料汽车已经有了相当规模的使用，有利于环保、经济实惠、资源丰富以及性能不低于石油燃料的代用燃料引起了世界各国的广泛关注和重视，代用燃料汽车得到了空前的发展。常用的代用燃料有天然气、醇类燃料、生物燃料等。这几种代用燃料因其基本能够满足汽车对燃料的要求而得到深入的研究和广泛的应用。

三、气体燃料汽车

（一）天然气汽车概述

1. 天然气的定义和分类

从能源资源开发的角度来讲，天然气是指主要存在于油田气、气田气、煤层气、泥火山气和生物生成气中的天然蕴藏于地层中的烃类和非烃类气体的混合物。甲烷是天然气的主要成分，天然气中也存在少量的乙烷、丙烷、丁烷等。从能源工业意义的角度来讲，天然气可以进行如下分类：

车用天然气的概述

1）常规天然气

常规天然气是指开采技术经济条件较好的天然气矿藏。按照矿藏特点可分为气田气、石油伴生气和凝析气田气等。气田气（纯天然气）是从气井直接开采出来的燃气。石油伴生气是伴随石油一起开采出来的低烃类气体。凝析气田气是含石油轻质馏分的燃气。

2) 非常规天然气

非常规天然气是指开采技术经济条件较差的天然气矿藏，分为四种：砂岩气、煤层气、页岩气和天然气水合物（又称可燃冰）。原先非常规天然气由于开采技术经济条件的低劣而受到冷落，近年来，随着常规天然气供需矛盾的激化和价格日益上涨，非常规天然气日益受到关注并被开采。其中煤层气的发展相对较早，开采技术相对成熟。天然气水合物的资源量巨大，据估算，全球天然气水合物中蕴藏的天然气资源总量是常规天然气的100多倍。

3) 合成天然气

合成天然气是由其他能源转化而成的天然气，不是一次能源。甲烷气体可以通过焦炉气、煤制天然气、沼气等转化合成，这些通过能源二次转化而得到的甲烷为主的混合气也可以归入天然气利用的范畴，统称为"合成天然气"。

2. 天然气的储量情况

全球天然气的探明储量不断增长，近年来增长尤为迅速。1990年全球天然气的探明储量为125.7亿 m^3，2000年增至154.3亿 m^3，2010年又增加至187.1亿 m^3。此20年间，亚太地区天然气份额稳步增长，由1990年的7.8%增加到2000年的8.0%，再增加至2010年的8.7%。此外，近20年间，中东地区的天然气份额大幅度增长，而欧洲亚欧大陆的天然气份额却在下降。

如图5-1-2所示，俄罗斯是全球天然气储量第一大国，储量高达44.76万亿 m^3，占

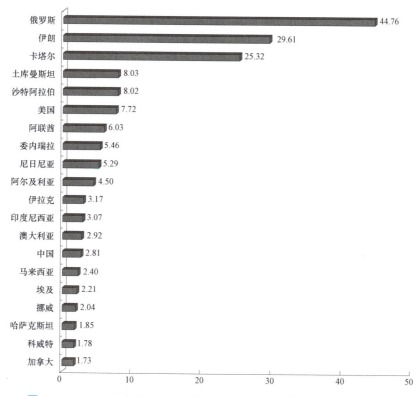

图5-1-2　2010年世界产天然气主要国家探明储量（单位：万亿 m^3）

世界总量的27%；其次为伊朗，储量为29.61万亿 m^3，占世界总量的15%；卡塔尔的天然气储量为25.32万亿 m^3，占世界总量的13%。美国天然气储量为7.72万亿 m^3，美国天然气消费大部分依靠进口。相比这些天然气储量大国，我国2010年天然气储量为2.81万亿 m^3，居世界第14位，与世界前三位储量上有很大差距。

我国的天然气主要分布在东部地区（渤海湾、松辽平原）、陕甘宁地区（中部、中东部）、川渝地区（川东、川中、川西北）、青海地区（冷湖、南八仙、涩北）、新疆地区（塔里木、柴达木、准格尔、吐哈），以及东海及南海地区（东海盆地、莺歌海、南海气田）。陆上有四大气区：塔里木气区、鄂尔多斯气区、柴达木气区和四川气区；海上有三大气田：渤海湾盆地、东海盆地和莺歌海盆地。以上所述为常规天然气资源，还有非常规的天然气水合物，如深海可燃冰，尚处于刚开始研究勘探阶段。

3. 车用天然气的分类

天然气是一种重要的汽车代用能源，车用天然气根据其使用形态可分为压缩天然气与液化天然气。

压缩天然气（CNG）指压缩到压力大于或等于10 MPa且不大于25 MPa的气态天然气，是天然气加压并以气态储存在容器中。压缩天然气是一种理想的汽车代用能源，其应用技术经数十年发展已日趋成熟。它具有成本低、效益高、无污染、使用安全便捷等特点，正日益显示出强大的发展潜力。天然气每立方燃烧热值为8 000~8 500 cal[①]，压缩天然气的密度为2.5 kg/m^3，天然气燃烧热值为20 000 cal/kg。液化气燃烧热值为11 000 cal/kg。这样可看出每立方天然气燃烧热值是石油液化气的2倍。每瓶石油液化气质量为14.5 kg，总计燃烧热值159 500 cal，相当于20 m^3 天然气的燃烧热值。所以，天然气比石油液化气更具有经济优势。

液化天然气（LNG）是天然气经压缩、冷却至其沸点（-161.5 ℃）温度后变成液体，通常液化天然气储存在-161.5 ℃、0.1 MPa左右的低温储存罐内。其主要成分为甲烷，用专用船或油罐车运输，使用时重新汽化。

4. 车用天然气的特点

天然气作为汽车代用燃料，具有以下特点：

（1）环境负效应小。就改善环境、减少汽车的有害排放来讲，除了太阳能和氢能，还没有一种燃料可以与天然气相媲美。表5-1-2所示为压缩天然气（CNG）、液化石油气（LPG）、汽油作为车用燃料对环境污染主要指标的比较。

表5-1-2 不同燃料车辆对环境的影响比较（以汽油为100%）　　　　　　　%

污染物种类	汽油	液体石油气	压缩天然气
碳氢化合物	100	40	65
氮氧化物	100	60	50

[①] 1 cal = 4.186 8 J。

续表

污染物种类	汽油	液体石油气	压缩天然气
一氧化碳	100	99	5
发动机噪声	100	50	50

（2）易储存。表 5-1-3 中提供了几种常用燃料的物理化学性质，由表中数据可见，天然气的特点是密度最小，极易散逸；自燃点高，达 700 ℃，是所有燃料中最高的；其爆炸极限也很高，在自然条件下，不易形成爆炸混合物。

表 5-1-3　几种常用燃料的物理化学性质

物理化学性质燃料种类		天然气（甲烷）	液体石油气		汽油（90 号）
			丙烷	丁烷	
H/C 原子比		4	2.67	2.5	2～2.3
密度（液相）/（kg·m^{-3}）		424	528	602	700～780
密度（气相，标准状态）/（kg·m^{-3}）		0.715	2.02	2.598	
分子量		16.043	44.097	58.124	96
沸点/℃		-161.5	-42.1	-0.5	30～90
凝固点/℃		-182.5	-187.7	-138.4	
临界温度/℃		-82.6	96.7	152	
临界压力/MPa		4.62	4.25	3.8	
汽化热/（kJ·kg^{-1}）		510	426	385	
比热容（液体、沸点）/（kJ·kg^{-1}·K^{-1}）		3 870	2 480	2 360	
比热容（气体）/（kJ·kg^{-1}·K^{-1}）		2.23	1.67	1.68	
气/液容积比（15 ℃）		624	273	230	
理论空燃比	质量比	17.25	15.65	15.43	14.8
	体积比	9.52	23.81	30.95	8.586
高热值/（MJ·kg^{-1}）		55.54	50.38	49.55	
低热值/（MJ·kg^{-1}）		50.05	45.77	46.39	43.9
辛烷值		130	111.5	95	92
自燃点/℃		700	450	400	300
着火极限/%		5～15	2.2～9.5	1.9～8.5	1.3～7.6
火焰传播速度/（cm·s^{-1}）		33.8	38	37	39～47
火焰温度/℃		1 918	1 970	1 975	2 197

（3）对发动机的工作有利，天然气的主要成分是甲烷，甲烷的辛烷值是 130，具有较高的抗爆震性能，不易爆燃；燃烧完善不易形成炭粒，可减少气缸磨损；燃烧后剩余碳氢化合物少，对润滑污染物少；由于天然气是气态与空气混合，低温起动性能好；虽然天然气的热值低于汽油，发动机公升功率会有所降低，一般降低 10%左右，但由于天然气不会产生爆燃和燃点高，因此发动机压缩比可提高，由此提高了循环效率。

（4）资源丰富，地球上蕴藏着极其丰富的天然气资源。到目前为止，初步估计常规天然气储量约为 6 000 亿 m^3，按照现在开采速度，可供人类利用 200～300 年。

（5）混合气发火界限宽：天然气和空气混合后的工作混合气具有很宽的发火界限，其过量空气系数的变化范围为 0.6～1.8。通过采用稀薄燃烧技术，可进一步提高汽车的经济性和环保效益。

（6）天然气的体积低热值和质量低热值略高于汽油，但理论混合气热值要比汽油低。甲烷含量越高，相差越大，纯甲烷理论混合气热值比汽油低 10%。

（二）天然气汽车概况

1. 天然气汽车发展概况

据国际天然气汽车协会统计，截至 2011 年年底，世界上有 500 多万辆天然气汽车正在使用，涵盖几乎所有的车辆类型，如摩托车、乘用小汽车、商务车、轻型和重型载货汽车、公共巴士、举升卡车和机车头，有些轮船和渡轮也使用天然气燃料。

天然气汽车概述

在我国，天然气的储量比较丰富，天然气汽车也有着很大的发展。1999 年，我国启动了"空气净化工程清洁汽车行动"，由原国家科委牵头，联合原国家发展计划委、原国家环境保护总局、原建设部等 13 个部委成立了全国清洁汽车行动协调领导小组，随后启动了北京、上海、重庆、四川等 12 个示范城市和地区，2005 年示范城市和地区扩大到 19 个。2006 年，国家再次启动"节能与新能源汽车"高科技计划项目，将天然气汽车技术研发和产业化纳入新的研发计划中，进一步推进了天然气汽车的快速发展。

另据不完全统计，从 2011 年 4 月到 2012 年 5 月，我国天然气汽车的新增量为 37.8 万辆，总保有量达 110.4 万辆，增长幅度超过 50%。其中，98.9%的天然气汽车为 CNG（压缩天然气）车，其余为 LNG（液化天然气）汽车，LNG 汽车又以载货汽车和客车为主。在新增的 37.8 万辆天然气汽车中，23.1 万辆属于 2012 年 1 月以来的新增量，约占新增总量的 61%。天然气汽车之所以出现如此快速增长的现象，主要有两个方面的原因，一是由于油价的快速升高，特别是在运输企业，油价已经占到运输企业运输总成本一半左右；二是随着政府对 PM2.5 的要求增高，天然气汽车得到了政府部门的更多支持。

在有关部门的推动下，天然气汽车已经逐步发展成为一个完整的产业链。2011 年以来，天然气汽车改装、OEM 制造、天然气汽车加气等以影响 CNG 和 LNG 为主要目的的企业设立、装备投资、土地占用等发生经济总量约为 785 亿元。国内以车用 CNG 和 LNG 业务为主的最大单体企业资产也已经接近 100 亿元。

目前我国大多数 CNG 加气站都是选用国产设备，加气站净化装置、储气装置、压缩机和加气机等全部实现国产化，国产设备的总体市场份额在 90% 以上，部分产品达到 100%。国产设备具有价格低、配件供货期短、现场服务快、日常维护成本低等优势。CNG 汽车技术也实现国产化。国内汽油/CNG 双燃料汽车改装已完全实现国产化。汽油、柴油/CNG 双燃料和 CNG 单燃料原产车也已实现国产化。上柴股份、东风汽车、上汽依维柯等开发的天然气电喷发动机已成功地在内蒙古鄂尔多斯运煤专线、城市客车上应用，在运行车辆超过 1 000 辆。东风爱丽舍、一汽捷达、奇瑞、夏利等双燃料 CNG 轿车已在很多城市行驶。CNG 汽车大量普及带来了广泛的社会效益。

2. 天然气汽车的优缺点

天然气汽车能得到如此大的发展，当然有其不可或缺的优点，主要如下：

1）天然气储量丰富，可用其替代短缺的汽油和柴油燃料

我国能源紧缺，有 50% 的石油需要进口，且随着汽车工业迅猛发展，进口比例还在不断增加。对天然气，近几年我国相继在柴达木、塔里木、陕甘宁、东海、南海发现了大型天然气气田，西气东输管线的贯通，都给天然气的推广提供了发展契机，而且发展天然气汽车对调整能源结构十分有效。

2）减轻大气污染

目前我国很多大中型城市空气污染都比较严重，而汽车是大中城市的重要污染源。天然气汽车的尾气中不含硫化物和铅，相比普通汽油车排放，一氧化碳降低 80%，碳氢化合物降低 60%，氮氧化物降低 70%。因此，发展天然气汽车已经成为许多国家减轻大气污染的一种重要措施。

3）安全性高

从燃料本身的角度来考虑，压缩天然气相比汽油本身是比较安全的燃料。主要是由于：

（1）燃点高。天然气燃点在 650 ℃以上，比汽油燃点 427 ℃高出 223 ℃，所以与汽油相比不易点燃。

（2）密度低。与空气的相对密度为 0.48，泄漏气体很快在空气中散发，很难形成遇火燃烧的浓度。

（3）辛烷值高。可达 130，比目前最好的 97 号汽油辛烷值高得多，抗爆性能好。

（4）爆炸极限窄。仅为 5%～15%，在自然环境中，形成这一条件十分困难。

（5）相关零部件安全系数高。储气瓶、减压设备及高压系统的零部件，安全系数均达到 1.5～4 以上，并且在控制系统中安装有紧急断气装置。

4）燃料切换方便

目前国内很多天然气汽车都具有双燃料切换的功能，既可以使用天然气，也可以使用汽/柴油燃料。这样可以减少地域性对车辆使用的限制。

5）有显著的社会和经济效益

由于天然气和汽油之间的差价，使用天然气可以节省大量成本。另外，天然气汽车的发展也可以带动相关产业的发展，如石化企业、压缩机、车用燃气装置及储气瓶等生产

企业。

但是天然气汽车也有一些缺点：

1）输出功率略有降低

改装的双燃料车，是在原有发动机的基础上加装燃气喷射器，因此原发动机的压缩比和燃烧室结构等无变动，所以在使用燃气时，汽车输出功率有所下降，一般有5%～15%的损失。另外，对一些专门使用天然气的汽车，这个问题就不会存在，因为发动机是被改造过的。

2）行驶距离短

由于天然气的能量密度低，压缩天然气汽车携带的燃料量较少，一般行驶距离较汽油车短。在城市行驶的出租车，白天需加气2～3次。

3）供气体系建设有困难

天然气汽车在国内大城市推广应用，必须建立相应的加气站及为加气站输送天然气的管道，这涉及城市建设规划、经费投入和环境安全等诸多因素，因此天然气在内燃机上的应用受到限制。

4）车辆质量增加

由于是在原有汽油车的基础之上增加相关零部件来实现使用天然气的功能，因此必然要增加车辆的总体质量。若延长天然气汽车的行驶里程，必然需要增加储气瓶的体积，相应地质量也增加。额外的零部件增加会影响到车辆总体的载荷分布，同时也会侵占其他用途的空间，如后备厢、工具箱等。

5）有一定的爆炸风险

气瓶的充装压力较高，泄漏后风险性很大。若操作不当，存在爆炸的危险因素。近年来国内也有一些气瓶爆炸的例子，因此在使用和维修高压部分零部件时要严格按照规范来操作。

四、液体燃料汽车

（一）甲醇混合燃料汽车

1. 甲醇燃料概况

1）甲醇的理化特性及特点

甲醇是一种无色、透明、易燃、易挥发的有毒液体，略有酒精气味，可混合溶于水、醇、醚等多种有机溶剂，遇热、明火或氧化剂易燃烧。甲醇燃料的理化特性如表5-1-4所示。

甲醇混合燃料汽车

表 5-1-4 甲醇燃料的理化特性

项目	数值	项目	数值
熔点/℃	-97.8	混合气热值/(kJ·m^{-3})	3 557
沸点/℃	64.5	临界温度/℃	240

续表

项目	数值	项目	数值
液态密度/($kg \cdot L^{-1}$)	0.78	临界压力/MPa	7.95
相对密度（水=1）/($kg \cdot L^{-1}$)	0.79	闪点/℃	11
相对蒸气密度（空气=1）/($kg \cdot L^{-1}$)	1.11	自燃温度/℃	500
蒸气压/kPa	30.4	爆炸上限/%	44.0
燃烧热/($kJ \cdot mol^{-1}$)	727.0	爆炸下限/%	5.5
蒸发潜热/($kJ \cdot kg^{-1}$)	1 100	辛烷值 RON	110
燃料低热值/($kJ \cdot kg^{-1}$)	20 260	辛烷值 MON	92

甲醇可单独作为汽车燃料，也可与汽油混合作为混合燃料。其特点为：

（1）甲醇为液体燃料，储存、保管、充加和携带都很方便，可利用现有汽油的储存、保管、充加网络，而且还可以利用地方性的小型甲醇生产体系来供应，甲醇有比氢气更高的比能量。

（2）甲醇可以用天然气和有机物生产，摆脱了对石油的依赖。

（3）甲醇不易燃烧，不会发生燃烧与爆炸的危险，安全性好。

（4）甲醇的重整技术较成熟，重整时温度较低（<300 ℃）。

（5）以甲醇为燃料的发动机系统，因为增加了重整器、净化器和管道等，降低了其比能量，同时使系统结构变得更复杂，对结构件的密封和耐振动的要求也更高。

（6）甲醇在重整过程中会产生 CO_2、CO/HC 等有害气体，需要装置净化器使氢气纯化，防止 CO 对催化剂的"毒害"。在反应过程中有 300 ℃ 的高温，需要有热管理系统进行管理并利用其热量。

醇的理化性质表明，可以在内燃机中掺烧或全部烧醇，并可获得较好的性能。醇的辛烷值较高，有一定的挥发性，又较易和汽油混溶，较适合作汽油机的燃料。醇的十六烷值低，虽不易在柴油机中燃烧，但由于柴油机热效率高，利用现代技术也可在柴油机中掺烧醇，从而获得满意的结果。为了发动机利用醇燃料时能有良好的效果，要根据不同掺烧方式的需要调整燃料性质，改进发动机结构以及设计良好的掺烧及控制装置。

在燃料性质方面，例如调整汽油的组分或加入添加剂，以改善发动机的起动性能和避免气阻，在醇燃料中加入着火改善剂，以改善在柴油机中使用时的着火性能。

2）甲醇的生产方法

我国煤炭资源丰富，大都采用煤做原料制甲醇，以便实现煤利用清洁化的目的。甲醇原始的生产方法是将木柴在隔绝空气的情况下高温蒸馏而得到。煤的组成和木柴很接近，因此有另一种方法即煤的间接液化法来制取甲醇。煤的间接液化法就是先将煤气化，得到 CO 和 H_2 气体，然后再合成液体燃料。关键的两部分就是煤的气化及合成反应。煤的气化技术较成熟，常用的设备有干灰型鲁奇炉、排渣型鲁奇炉、德士古炉和煤气化炉等。合成反应即将煤气化产生的 CO 和 H_2 合成生成甲醇，该反应是放热反应，在甲醇合成塔中进行。甲醇合成塔类型多，可分为成熟的、工业化及近几年开发的新型合成塔，诸多合成塔各有特点及独特的技术内容，但大都属于低压低温型，基本原理及流程有相似之处。

2. 甲醇混合燃料汽车概况

1）甲醇混合燃料及甲醇混合燃料汽车的发展历程

甲醇作为代用燃料始于 20 世纪 20 年代，第二次世界大战期间，甲醇汽油成功应用于德国；20 世纪 70 年代以后受第二次石油危机的影响，加上世界甲醇生产能力的过剩和人们对环境质量要求越来越高等，美国、日本、德国和瑞典等国先后投入人力、物力进行甲醇燃料及甲醇汽车配套技术的研究开发。美国对甲醇燃料和甲醇汽车进行开发和应用，重点开发燃烧 M85（含甲醇 85%）、M100（含甲醇 100%）专用甲醇燃料汽车。

我国对甲醇燃料的研究起步于 20 世纪 70 年代初期，从"六五"开始，国家相关部门和科研院所企业就开始对甲醇燃料进行相关研究，主要研究内容是低醇度的甲醇燃料（M3、M15 等）及使用 M100 甲醇燃料的内燃机的改造，同时也有一些车辆投入运营试验。近几年对甲醇汽油的研究，不但有关技术难题得以突破，实际应用更是迅猛发展，相关的国家标准也已经制定。2007 年 6 月，国家标准发布《2007 年第二批国家标准制修订计划》，包括三个甲醇燃料标准；6—9 月，醇醚专委会标准工作部组织长安大学、上海内燃机研究所等单位组成标准编制核心工作组，先后四次召开甲醇燃料国家标准征求意见座谈会，就国标的编制广泛征求意见；2007 年年底完成《高比例车用甲醇汽油》标准编制工作并上报国家发展和改革委员会。2008 年 6 月底完成《变性燃料甲醇》和《M15 车用甲醇汽油》两个标准编制。2009 年 5 月 20 日，由国家发展和改革委员会工业司主管的"标准网"公布，《车用燃料甲醇》已获国家质量监督检验检疫总局批准，标准编号为 GB/T 23510—2009，该标准从 2009 年 11 月 1 日起实施。发展醇醚燃料以缓解石油供需矛盾是我国近期替代能源工作的重点。有关部门在甲醇标准制定方面所做的工作，将为甲醇汽油顺利进入市场扫清最后障碍。《高比例车用甲醇汽油》《变性燃料甲醇》《M15 车用甲醇汽油》三个甲醇汽油标准的及时颁布将大幅度提高国内燃料市场对甲醇的需求量。车用甲醇汽油经历了以下三个阶段：第一代直接掺混式甲醇汽油（20 世纪 70 年代）；第二代添加助溶剂式甲醇汽油（20 世纪 90 年代）；第三代催化燃烧大比例甲醇汽油（中国授权发明专利），此发明专利攻克了甲醇热值低动力不足、冷起动难、热气阻、遇水分层、稳定性差、腐蚀溶胀、高温润滑这七大难题，使我国甲醇汽油技术水平达到世界前列。

2）甲醇燃料对甲醇汽车的影响

甲醇汽车是指以甲醇作为发动机燃料的汽车。根据掺混的比例不同，可以分为低中比例甲醇汽车和全甲醇汽车。低中比例甲醇汽车一般指使用 M3/M5/M10/M15/M30/M40/M50 类型甲醇燃料的汽车，其掺烧比少于等于 50%，使用这种燃料不需要改变发动机的结构，但是甲醇特性与汽油机不适应，需要改变甲醇的特性使之变成燃料甲醇，可与汽油搭配使用。使用 M85~M100 类型甲醇燃料的汽车称为全甲醇汽车，全甲醇汽车需要对发动机进行重新设计制造。各种不同掺烧比例的甲醇汽油对于汽车性能的影响各不相同，具体特性如表5-1-5所示。

表5-1-5 不同配比的甲醇燃料的特性比较

特性 \ 方案	方案一 低比例掺混 （M3/M5/M10/M15）	方案二 中比例掺混 （M30/M40/M50）	方案三 高比例掺混 （M85）	方案四 纯甲醇 （M100）
燃油经济性	一般	中	良	优
适应性材料	良	差	良	优
低温起动性	良	中	差	优
低温排放	良	差	差	优

另外，由于甲醇与汽油的理化性质与燃烧特性的一些不同，相比传统汽油汽车带来一些有利的变化和改进，主要是降低排放和提高发动机热效率。

（1）降低排放。甲醇是含氧燃料且其含碳量比汽油低，在燃烧过程中有自供氧效应，在内燃机中燃烧较均匀，减少了局部富氧或缺氧的概率，CO、HC和炭粒的产生量减少，排放量降低。

（2）提高发动机热效率。① 辛烷值比汽油高，因此可以提高发动机的压缩比，发动机的热效率明显提高。甲醇的火焰传播速度比汽油快，所以其燃烧速度加快，燃烧的定容性较好，燃烧持续期缩短，放热集中，有利于热效率和能量利用率的提高。② 甲醇的汽化热比汽油高两倍多，当其进入气缸后，能吸收沿途管壁面和周围高温零件壁面的热量而使自己蒸发，利用废热余热而使自身的能位提高，又降低了气缸、燃烧室和气缸盖的温度，从而减少了外传热量，提高了热效率。③ 甲醇的着火燃烧浓度界限比汽油的相应范围宽得多，所以比汽油更容易稀燃，稀燃是一种节能燃烧和完善燃烧的形式，它有利于热效率的提高，而且，压缩比越高，负荷越大，越容易稀燃。④ 使用甲醇可将点火提前角和喷油提前角调整到最佳值，从而获得更高的热效率和更大的功率。

但是，甲醇燃料本身的特性也给甲醇汽车带来了一些问题，常见的几种情况和相应的改进措施如下：

（1）腐蚀性。甲醇以及甲醇燃烧反应过程中产生的甲醛、甲酸、大量水蒸气、未燃甲醇等均对金属表面有腐蚀性，造成燃烧室周围机件的磨损，如进排气门座、进排气门、气门导管、活塞环、缸套等。可通过添加抗腐蚀的化学药剂来解决这个问题，不过抗腐蚀添加剂对抗电化学腐蚀的作用有限，尤其是考虑到燃料的燃烧性能，所以添加剂的选择范围受到限制，且不能使用含有硅、磷以及金属元素的添加剂。另外，改变发动机的机件材质和热处理工艺，也可以有效解决腐蚀性问题，如气门将铁类合金改为镍类合金，气门座烧结材料中添加硬质微粒并做铅熔渗处理、活塞环镀铬等。

另外，非金属材料也会受到甲醇燃料的腐蚀作用，主要是对橡胶材料的腐蚀。因此必须开发新型的橡胶材料或对现有的胶种进行改进。新型丁腈橡胶和氟橡胶经过改进后，基本可达到长期耐甲醇汽油的要求。

（2）溶胀性。甲醇是一种良好的极性溶剂，汽油是一种良好的非极性溶剂，它们对发动机的弹性胶体、密封件等有不同程度的溶胀作用。解决甲醇汽油溶胀性的办法有两种：一种是改用不被甲醇腐蚀的氟橡胶；另一种是在燃油中添加溶胀抑制剂，如羧酸或酰氯与芳胺反应制得的溶胀抑制剂，添加少量即能达到要求。

（3）冷起动。甲醇的初沸点比汽油高，甲醇的汽化潜热是汽油的 2 倍多，甲醇在进气管道内汽化时要吸收大量的热，使进气管温度降低，造成甲醇汽化困难，并且混合气温度很低，进入气缸后造成缸温很低，并且甲醇汽化量少，难以着火起动。针对不同掺烧比例的甲醇燃料来说，冷起动性能也有所不同，具体来说：中低比例甲醇汽油的饱和蒸气压比纯汽油的大，容易蒸发，冷起动没有问题；高比例甲醇汽油冷起动困难，特别是北方寒冷的冬季，以全甲醇汽油 M100 为例，其饱和蒸气压仅为 32 kPa，冬季 93 号汽油的饱和蒸气压为 86 kPa，在 0 ℃下全甲醇汽油 M100 的饱和蒸气压更低。M100 甲醇汽油是很难蒸发的，同时 M100 的蒸发潜热是汽油的 4 倍，也就是说甲醇在蒸发的时候吸收大量的热，温度的降低使得 M100 更难蒸发，造成发动机不易起动。

对于高掺烧比甲醇汽油的冷起动难现象，解决办法常用的有以下几种：加大供油量，通常电喷车通过发动机 ECU 来控制加大喷射量，但是加大供油量也会增加发动机的磨损及排放；调整空燃比，减少空气量；添加加热器，在喷油器前或进气道合适的位置加装水温控制型的空气或混合气的加热器，此加热器的表面工作温度不应高于 200 ℃，否则有起火的危险；安装电加热火花塞及电热塞。

（4）非常规排放物高。甲醇燃烧反应过程中产生甲醛、甲酸等化合物作为非常规排放的污染物比汽油燃烧排放量要多，但当用专用催化器处理后可以达到尾气排放标准要求。

（5）醇和汽油的互溶性差。特别是含有少量水分时，分层现象更为严重，当采用低比例甲醇掺烧时，可以采用加入添加剂的办法解决。

（6）甲醇汽油的溶水性。甲醇极性很强，与水可以无限互溶，水分对甲醇汽油的稳定性影响很大，水分的存在会使甲醇与汽油的临界互溶温度提高，甚至在某些情况下从空气中吸收的水分也会导致稳定均一的甲醇汽油重新分层。改进甲醇汽油的溶水性，其本质还在于增加甲醇与汽油的相容稳定性。目前，改善甲醇汽油稳定性所用的助溶剂有醚类、高级醇及脂肪烃、低碳杂醇、芳香族化合物等，例如 MTBE、异丁醇、叔丁醇等。

（7）甲醇汽油的高温气阻性。汽车的气阻是指输油管因高温而使汽油汽化产生气泡，堵塞油路导致发动机供不上油而熄火。汽油沸程很宽（30～200 ℃），如果其馏程曲线合理，汽车的输油管通风良好或在输油管与发动机之间有隔热垫片（板），隔开了发动机产生的热辐射，一般不会产生气阻。甲醇汽油则不能，甲醇沸程单一（64.8 ℃），大量加入后，甲醇汽油馏程严重偏离原汽油原馏程曲线，因而需要添加高沸点的组分以调整馏程曲线，确保甲醇汽油在输油管中不汽化；另外，如果燃烧不完全，烃类物质裂解，氧化聚合而产生炭渣的沉积，也会阻塞汽化室喷嘴，发生气阻。因此应促进甲醇汽油充分燃烧，抑制高温下的氧化聚合，添加抗阻沉积剂以抑制甲醇汽油的气阻发生。

3）甲醇汽车发动机的结构特点

在上一节中提到的甲醇燃料的一些性质也会对发动机造成影响。汽油机在使用甲醇燃料时，发动机上的一些参数要在考虑甲醇的理化、燃烧特性的基础上进行选择，如甲醇的辛烷值、汽化潜热、着火温度等。主要情况如下：

（1）压缩比的调整。

汽油机在使用甲醇燃料时，其压缩比可进一步提高，因为甲醇燃料辛烷值高、抗爆燃性好。一般汽油机的压缩比可以提高到（12~16):1，同时提高压缩比要考虑燃烧室的形状、缸内气流运动方向及强度，与火花塞的位置配合，能否实现最佳的燃烧过程。

提高压缩比时，应有较强的气流运动，使醇燃料与空气更有效混合。较强的扰动会使激冷层范围变小，激冷层变薄，同时在提高压缩比、改动燃烧室形状及尺寸时，应尽量减少有害缝隙容积，在高压缩比及高功率情况下，要注意甲醇早燃及爆燃的可能。

（2）改善燃油分配均匀性及供油特性。

甲醇的容积耗量在功率相等时比汽油大一倍多，因此选用甲醇燃料时，采用喷油器的汽车要考虑其流量特性是否满足要求及材料的相容性，重新确定混合气的空燃比。

由于甲醇的汽化热高，每循环供应量大，在发动机实际运转时很难完全汽化，如用单点喷射，各缸间分配不均匀性比汽油突出。如果采用使各缸进气管长度及阻力尽可能一致，混合气进行预热等措施，则有可能改善混合气的形成及均匀分配。甲醇混合气的预热可以提高中、低负荷特性时的燃油经济性，降低排放，但预热过度则会使最大功率下降。

（3）混合气空燃比的调整。

醇燃料混合气的可燃界限范围宽，通常汽油机改用醇燃料后会提高压缩比，提高了缸内气流运动速度及压缩行程终点的缸内温度，这都有可能使用更稀的混合气。因此汽油机改用甲醇燃料后，都需要调整混合气空燃比，使用更稀的混合气工作。

（4）火花塞及点火时间的选择。

甲醇容易因炽热表面引起着火，最大火花塞温度易低于汽油机的火花塞温度，所以需要较冷型火花塞。尽管甲醇的着火界限宽，但是由于汽化潜热大，蒸气压低及各缸间混合气较大的不均匀性，在发动机较冷的状态下，难以稳定着火。可能改善的措施包括：增加点火能量，延长点火时间，采用多电极及电极局部侧面有屏障的特种火花塞等。

3. 典型车型

1）华普海锋甲醇轿车

在 2008 年北京车展上，华普展出一款海峰甲醇动力轿车（见图 5-1-3），海锋甲醇动力轿车是吉利旗下上海华普耗资数亿元，经过三年精心研发生产的新一代轿车。其动力明显优于同排量汽油发动机，且比同排量汽油机燃料消耗节省 40%以上。它搭载 1.5 L 直列四缸水冷双顶置凸轮轴 16 气门多点电喷发动机，在 6 000 r/min 时最大功率达到 75 ps，在 3 400 r/min 时达到最大扭矩 140 N·m，0~100 km/h 加速时间为 14 s，百公里甲醇消耗量为 9.4 L，排放达到欧Ⅳ标准。这款甲醇动力发动机可以灵活使用纯甲醇燃料（M100）或汽油燃料，使用甲醇燃料的输出功率较同排量汽油车高 0～15%，较同排量汽油车节省燃料费用 40% 以上。其他参数如表 5-1-6 所示。

图 5-1-3　华普海峰甲醇轿车

表 5-1-6　华普海峰甲醇轿车参数

项目	参数
长×宽×高（mm×mm×mm）	4 490×1 710×1 430
轴距/mm	2 540
最小转弯半径/m	5.25
最小离地间隙/mm	145
最高安全车速/(km·h^{-1})	160
整备质量/kg	1170
轮胎规格	装用胎 185/60 R14，备用胎 175/65 R14
发动机	顶置双凸轮多点电喷汽油机
驱动形式	前驱
百公里油耗/L	9.4（甲醇）

2）奇瑞旗云甲醇燃料汽车

旗云甲醇燃料汽车（见图 5-1-4）是由奇瑞公司潜心研发成功的一种新型甲醇燃料汽车，旗云甲醇新型燃料车是在旗云车基础上研发的环保节能型轿车，延续了旗云车经济实用的特点，可使用甲醇和汽油双燃料，该车型出租车兼具经济、环保、可靠、安全四大优势。由于采用甲醇作为主要燃料，该车型在出租车运营时，实现了更低的运营成本和更优的排放指标。据计算，与同排量汽车车型相比，甲醇汽车燃料费用按照目前的价格，比汽油可节省 1/3 左右。另外，经过多次试验证明，旗云甲醇新型燃料车动力性和可靠性达到原汽油发动机的水平，各项性能指标均居国内领先水平，并兼具经济、环保、安全优势。

项目五
代用燃料汽车、其他清洁能源汽车

图 5-1-4　奇瑞旗云甲醇燃料汽车

3）安凯 HFF6104GK39 汽油/甲醇双燃料城市公交客车

安凯公司自主研发的 HFF6104GK39 汽油/甲醇双燃料城市公交客车（见图 5-1-5），配备 CA6102N1 双燃料发动机、安凯 153 车桥、哈齿变速器，排放达到欧Ⅲ标准，具有经济、清洁、环保等特点，如图 5-1-5 所示。其他参数如表 5-1-7 所示。

图 5-1-5　安凯 HFF6104GK39 汽油/甲醇双燃料城市公交客车

表 5-1-7　安凯 HFF6104GK39 汽油/甲醇双燃料城市公交客车参数

项目	参数
长×宽×高（mm×mm×mm）	10 320×2 500×2 900
轴距/mm	5 000

183

续表

项目	参数
前/后轮距/mm	2 020/2 096
前/后悬/mm	2 340/2 980
整备质量/kg	9 500
最大总质量/kg	15 500
最高车速/(km·h^{-1})	90
最大爬坡能力/%	≥20
最小转弯直径/m	21
接近角/离去角/(°)	8/8
油箱容积/L	200
变速器	QJ805
前桥	AK153
后桥	AK153
悬架系统	钢板弹簧前4后5,可选装空气悬挂
制动系统	双管路气制动

(二)乙醇混合燃料汽车

将燃料乙醇掺入汽油可以作为车用燃料,常规使用的是 E85 燃料,其按汽油 15%和生物乙醇燃料 85%的比例混合而成。既可以使用此种混合乙醇燃料又可以使用常规汽油的汽车,通常被称为灵活燃料汽车(FFV)。燃料乙醇是一种绿色可再生资源,随着科学技术的发展,粮食和各种植物纤维都可以加工生产出燃料乙醇,燃料乙醇的原料来源相当丰富,而且可以循环再生。

乙醇混合燃料汽车

1. 乙醇混合燃料概况

乙醇是无色、透明、具有特殊香味的易挥发液体,密度比水小,能跟水以任意比互溶,是一种重要的溶剂,能溶解醚、甘油等多种有机物和无机物。表 5-1-8 所示为乙醇的各项理化特性数值。

表 5-1-8 乙醇的各项理化特性数值

项目	数值	项目	数值
熔点/℃	-114.3	混合气热值/(kJ·m^{-3})	3 660
沸点/℃	78.4	临界温度/℃	243.1
液态密度/(kg·L^{-1})	0.80	临界压力/MPa	6.38

续表

项目	数值	项目	数值
相对密度（水=1）/（kg·L^{-1}）	0.79	闪点/℃	12
相对蒸气密度（空气=1）/（kg·L^{-1}）	1.59	自燃温度/℃	420
蒸气压/kPa	15.3	爆炸上限/%	19.0
燃烧热/（kJ·mol^{-1}）	1 365.5	爆炸下限/%	3.3
蒸发潜热/（kJ·kg^{-1}）	862	辛烷值 RON	106
燃料低热值/（kJ·kg^{-1}）	27 000	辛烷值 MON	89

乙醇和甲醇有很多共性，同样可单独作为汽车燃料，也可与汽油混合作为混合燃料。其特点为：

（1）乙醇的热值比汽油低，约为汽油的 61.5%，但含氧量高，存在自供氧效应，减少 CO 生存条件，使 CO 较多转变成 CO_2，CO 和 HC 排放量明显小于汽油，但 NO_x 排放量与汽油相当。

（2）乙醇辛烷值远高于汽油，当汽油中加入一定量的乙醇后可提高混合燃料的辛烷值。

（3）乙醇的着火性差，十六烷值只有 8，在压燃式发动机中采用乙醇燃料要困难得多。

（4）乙醇的沸点比汽油低，对形成燃油与空气的混合气有利，但缺少高挥发性成分，对发动机冷起动不利。

（5）乙醇的汽化潜热是汽油的 3 倍，高的汽化潜热和低蒸气压对发动机冷起动不利，但可提高充气效率。

（6）乙醇的着火极限比汽油宽，能在较稀薄混合气状况下工作。

另外，乙醇的理化性质较接近汽油，又容易与汽油混溶，国外首先以低比例（一般小于 15%体积比）的乙醇与汽油形成混合燃料用于汽车上，尽管动力性能比只用汽油时略有减少，为了用户方便，无混合燃料供应时，仍可只用汽油保持原来发动机性能，所以发动机不变动不调整。当需要以较多的乙醇代替汽油时，可以在汽油中掺入中比例或高比例的乙醇，如 E20、E40、E50、E60 及 E85（见图 5-1-6）等，但是需要对发动机乙醇混合气空燃比及点火提前角进行调整，这一点和甲醇混合燃料是类似的。

生产乙醇的原料及资源非常丰富，当前在以谷物及含糖类植物为主生产的同时，有的国家已开始研究用其他原料（如饮料业、造纸的废液，林业、农业的残余物，城乡固体垃圾等生物质）生产乙醇。由于世界上粮食危机一直存在，必须研究、开发用

图 5-1-6　E85 乙醇燃料

粮食作物以外的原料生产乙醇。有代表性及有发展前景的部分乙醇原料有：淀粉及含糖类原料，如玉米、小麦、薯类、甘蔗、甜菜、高粱及糖蜜等；野生植物，我国广大的山区及林区有较多的野生植物的果实、根茎及嫩叶含有淀粉及糖分，可作为生产乙醇的原料。目前我国主要以谷物为原料生产乙醇，不但成本高，而且涉及粮食安全问题。应该加大用生物质生产乙醇的研究开发力度。目前世界五大乙醇燃料生产国家或地区年产量如表5-1-9所示。

表5-1-9 世界五大乙醇燃料生产国家或地区年产量（2007—2011年） 百万L/年

排名	国家/地区	2011年	2010年	2009年	2008年	2007年
1	美国	52 542	50 013	41 345	34 908	24 513
2	巴西	21 066	26 163	24 864	24 465	18 973
3	欧盟	4 533	4 448	3 929	2 773	2 156
4	中国	2 096	2 047	2 047	1 897	1 837
5	加拿大	1 747	1 348	1 098	899	799

2. 乙醇混合燃料汽车概述

1）乙醇混合燃料汽车的发展历程

1923—1925年巴西在点燃式发动机上使用过纯乙醇E100（即100%乙醇）。两次世界大战期间，由于要消耗大量的燃料，一些国家使用了大量的乙醇做燃料，如德国用了2万多吨乙醇，巴西使用了含有大比例乙醇的汽油/乙醇混合燃料E40、E62等。20世纪五六十年代石油工业发展迅速，廉价的石油大量供应，国际每桶石油只要2~3美元。燃料乙醇的生产及消费受其影响而无法发展。20世纪70年代初的石油危机使很多国家担心无油可用，于是更加积极地寻找代用燃料，生产资源丰富、储存运输方便的甲醇和乙醇受到国际重视，人们进行了大量的试验研究及应用工作。20世纪80年代后石油供需矛盾趋于缓和，价格回落，环保呼声却日益高涨，排放法规日趋严格，同时国际上通过试验研究确认醇燃料能够较明显地降低内燃机的多种排放物，于是醇燃料得到进一步的研究和应用。20世纪90年代石油价格平缓，而甲醇和乙醇的价格又居高不下，同时在20世纪七八十年代，对醇燃料进行的大量试验研究及应用工作都已取得很多成果，人们积累了经验，汽车也可以可靠地使用醇燃料，于是研究及开发醇燃料的工作及投入的资金及人力明显减少。20世纪90年代国际上日益重视CO_2产生温室效应使全球变暖的问题，用于生产乙醇的植物在生长过程中可以吸收CO_2，对减少大气中的CO_2浓度有贡献。此外，甲醇本身有毒性，在其生产过程中会产生污染环境的副产品。于是20世纪90年代中期以后，国外将开发清洁燃料的重点转移到燃料乙醇。目前，世界上众多的汽车公司，如通用、福特、克莱斯勒、本田和沃尔沃等都开发出多款可以燃烧E85燃料和常规汽油的灵活燃料发动机，排量涵盖1.6~6.0 L，应用的车型有一般类型的轿车、面包车、轻型载货汽车和越野车等。目前，美国有超过800万辆灵活燃料汽车在道路上行驶。

在我国，2004年国家发展和改革委员会批准由吉林燃料乙醇有限责任公司、河南天冠集团、安徽丰原生物化学股份有限公司和黑龙江华润酒精有限公司四个企业定点生产燃料乙醇，并进行封闭推广，主要用陈化粮生产，其中河南天冠集团以小麦为原料，其他三家都以玉米为原料。2005年年底我国燃料乙醇生产能力达到132万t/年（产量为102万t），仅次于巴西、美国，我国已成为世界上继巴西、美国之后第三大生物燃料乙醇生产国和应用国。2006年，我国燃料乙醇的生产达到144万t，按照1:3.3比例计算，大概消耗玉米475万t，其中替代车用汽油123万t，含10%生物乙醇和90%汽油的混合燃料已在黑龙江、吉林、辽宁、河南、安徽5省及湖北、河北、山东、江苏的27个市试点使用，乙醇汽油调和能力达到1 020万t。2008年4月15日，国内首个以非粮原料生产燃料乙醇的省区广西境内开始全面推广使用燃料乙醇汽油，禁止销售普通汽油，这会对燃料乙醇产业的发展起到良好的促进作用。但是，以我们目前的国情，人均粮食产量并不富足，大力发展燃料乙醇势必会加大粮食危机的风险，因此必须努力探索更多的加工工艺和原料来源。

2）乙醇混合燃料汽车发动机的结构特点

汽油机改用乙醇燃料后，发动机结构方面需要做一些变动和改进，这取决于乙醇燃料的理化性质、燃烧特点等。乙醇与甲醇同属于醇类燃料，在性质特点方面类似，所以发动机结构方面的变动和改进也与甲醇汽车类似。具体内容如下：

（1）提高压缩比。要充分利用乙醇汽油辛烷值高、抗爆燃性好的特点，一般汽油机的压缩比可以提高到（12~14):1，同时提高压缩比要考虑燃烧室的形状，缸内气流运动方向及强度，与火花塞的位置配合，能否实现最佳的燃烧过程。从理论上分析，一般汽油机缸内有组织的气流运动较弱，在改用醇燃料，提高压缩比时，应组织较强的气流运动，使醇燃料与空气更有效混合。

（2）改善燃油分配均匀性及供油特性。乙醇的容积耗量在功率相等时比汽油大一倍多，因此选用乙醇燃料时，采用喷油器的汽车要考虑其流量特性是否满足要求及材料的相容性，重新确定混合气的空燃比。由于乙醇的汽化热高，每循环供应量大，在发动机实际运转时很难完全汽化，如用单点喷射，各缸间分配不均匀性比汽油突出。各缸分配不均匀将导致燃烧不完善、负荷不均匀、功率下降及油耗增加。如果采用使各缸进气管长度及阻力尽可能一致及混合气进行预热等措施，则有可能改善混合气的形成及均匀分配。

（3）混合气空燃比的调整。醇燃料混合气的可燃界限范围宽，通常汽油机改用醇燃料后会提高压缩比，提高了缸内气流运动速度及压缩行程终点的缸内温度，这都有可能使用更稀的混合气。如果不采用三元催化器、不要求在理论空燃比附近工作，汽油机改用醇燃料后，就需要调整混合气空燃比，使用更稀的混合气。

（4）点火时间的选择。由于乙醇的着火温度和汽化潜热比汽油高，所以乙醇滞燃期比汽油长，这样，乙醇发动机相对于汽油发动机，点火时间应当提前才能使乙醇发动机输出最大功率。点火提前角对CO排放基本无影响，推迟点火，HC排放和NO_x排放可以降低。

（5）进气预热以改善冷起动性能。在乙醇发动机起动加热前，要利用电加热或其他加热系统为混合气预热，以保证乙醇发动机的冷起动。但是在发动机正常运转之后，维持乙醇发动机自然进气温度即可使发动机获得良好的性能指标。

3. 典型车型

1）美国通用汽车公司

由于美国全境分布着众多 E85 燃料加油站，因此此种类型的汽车在美国的应用十分广泛，得到了良好的发展。目前，美国有超过 800 万辆的灵活燃料汽车正在使用。

美国通用汽车公司旗下有多款可以使用 E85 燃料的发动机，涵盖四缸、六缸和八缸系列，排量从 2.4 L 到 6.0 L，其应用的品牌涵盖了通用汽车旗下所有的品牌系列，如雪佛兰、别克、凯迪拉克和 GMC。

下面以雪佛兰 Impala 2012 款（见图 5-1-7）为例来作简要介绍，其采用可变气门正时技术和使用 E85 燃料的 280 ps 3.6 L V6 DOHC SIDI 发动机（见图 5-1-8）。

图 5-1-7 雪佛兰 Impala 2012 款

图 5-1-8 通用汽车 3.6 L V6 DOHC SIDI 发动机

美国国家环境保护局（U.S. Environmental Protection Agency，USEPA）估计燃油经济性在高速公路上为百公里 7.84 L（常规汽油）和 10.69 L（E85）。其车身油箱加注口有明显的标识，表明此车可以加注 E85 燃料。具体参数如表 5-1-10 所示。

表 5-1-10 通用汽车 3.6 L V6 DOHC SIDI 发动机参数

项目	参数
类型	3.6 L V6 发动机
排量	3 564 ml
缸径和冲程	3.70 in × 3.37 in（94 mm × 85.6 mm）
缸体材料	铸造铝浇铸的铁缸套
气缸头材料	铝
气门	DOHC（双顶置式凸轮轴），每气缸四气门，连续可变气门定时
点火系统	独立式电子线圈火花塞系统；独立式气缸控制
供油系统	直接喷射

续表

项目	参数
压缩比	11.5:1
功率	300 ps
扭矩	355 N·m（5 300 r/min）
燃料	普通无铅汽油或 E85 乙醇汽油
最大发动机转速	7 200 r/min
排放控制	蒸发排放系统，催化转换器，等长度排气管，双紧密耦合和双底层催化转化器，曲轴箱强制通风，进气和排气凸轮相位器，电子节气门控制
EPA 预计燃油经济性（城市道路/高速公路）	汽油：10.62/16.37（km/L） E85 乙醇汽油：7.78/14.95（km/L）

2）美国福特汽车公司

美国福特汽车公司开发了多款发动机可以燃烧 E85 燃料，其中 2013 款福特福克斯轿车（见图 5-1-9）搭载 2.0 L Ti-VCTGDII-4 发动机，美国国家环境保护局估计燃油经济性在高速公路上为百公里油耗 5.9 L（常规汽油）和 7.1 L（E85）。具体参数如表 5-1-11 所示。

图 5-1-9　2013 款福特福克斯轿车

表 5-1-11　2.0 L Ti-VCTGDII-4 发动机参数表

发动机形式	2.0 L Ti-VCTGDII-4 发动机
发动机电子设备	动力系统控制模块
功率	160 ps（6 500 r/min）
扭矩	198 N·m（4 450 r/min）
压缩比	12.0:1
主轴承	微孔铝合金

续表

气门举升机构	直接操纵式机械顶杆
供油系统	直接喷射
推荐使用燃油	普通汽油或 E85 乙醇汽油
燃油经济性	5 挡手动变速器：26（城市道路）/36（高速公路）/30（合成） 6 挡自动双离合变速：27（城市道路）/38（高速公路）/31（合成）
变速器形式	5 挡手动变速器，6 挡自动双离合变速
发动机缸体材料	铝
气缸头材料	铝

3）沃尔沃汽车

沃尔沃轿车 2006 年秋季在欧洲市场上投放了生物乙醇燃料的车型，全新的 C30 也推出了相应的"绿色"车型，如图 5-1-10 所示。

沃尔沃 3 个系列（C30、S40、V50）的 9 种车型可以提供多种燃料车型。4 气门自然吸气发动机可以产生 125 ps 的动力，生物乙醇和汽油可以同时注入一个 55 L 的油箱内。由于乙醇燃料具有腐蚀性，发动机的油管、阀门和衬垫都经过了改良，燃油喷嘴也得到加固且较原来型号有所增大，目的是可以有更多的燃料同时注入发动机。同时它们的发动机管理系统做了相应的调校，该系统将会严格监测油箱内的混合燃料比例，自动调节燃油泵入量。

4）奇瑞汽车（图 5-1-11）

奇瑞 A5 灵活燃料+CNG 多燃料轿车（见图 5-1-11）是一款能混合燃烧乙醇、汽油、CNG 气体燃料的清洁能源汽车，具有燃料价格便宜、排气污染小、安全性能高等众多优点。作为新型的节能型轿车，奇瑞 A5 灵活燃料+CNG 多燃料轿车在节能环保方面具有极大的优势，其为发展汽车替代燃料技术、打造汽车能源多元化格局起到了急先锋的作用。

图 5-1-10　沃尔沃轿车

图 5-1-11　奇瑞 A5 灵活燃料+CNG 多燃料轿车

 在线测验

扫描下方"测验二维码"进入资源库平台的在线测验页面。

在线测验

 成果提交

小组成员共同完成该任务,并按任务要求上传至资源库平台(或空间)。

成果提交

拓展提升

一、拓展任务

(一)二甲醚汽车介绍

1. 二甲醚汽车的基本结构

现阶段,二甲醚燃料一般用在柴油机上,因此二甲醚汽车一般在载货汽车或者大客车的基础上改制而成。此处以上海申沃客车有限公司 SWB6115-3 系列 11 m 城市公交客车为基础进行改制,在设计上主要采取以下措施:

认识二甲醚汽车

(1)采用两只二甲醚储罐,其中一只为主燃料罐,布置在车辆左侧前后轮之间纵梁旁,另外一只辅燃料罐布置在车辆右前轮后、中客门之间的纵梁旁,如图 5-1-12 所示。

(2)仪表板上增加了泄漏报警器。在每只二甲醚储罐上方和发动机上方设燃气泄漏报警传感器,以便及时发现可能发生的二甲醚泄漏。

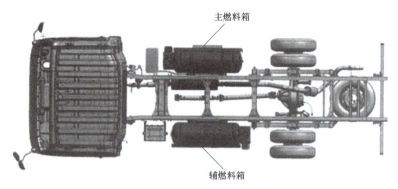

图 5-1-12　二甲醚汽车底盘布置

（3）在仪表板上增设二甲醚管路压力指示灯并调整发动机起动电路。当车辆电路接通后电动增压泵首先工作，当二甲醚管路压力达到要求后，压力指示灯亮，发动机方能起动。

（4）拆除原燃油箱和供油管路，适当调整蓄电池位置。

（5）为满足燃料电动增压泵对 12 V 工作电压的要求增加 DC/DC 变换器。

对于国外研究二甲醚汽车的院校及科研单位，他们主要将使用 DME 的柴油机用作轻型货车或重型载货汽车的动力。日本五十铃的一款二甲醚轻型载货汽车的设备布置原理如图 5-1-13 所示。

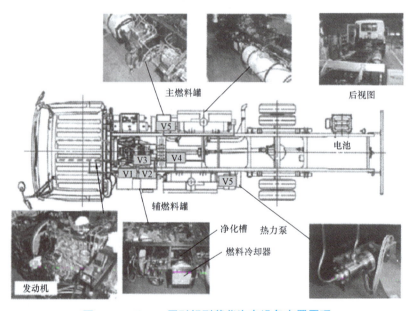

图 5-1-13　二甲醚轻型载货汽车设备布置原理

2. 二甲醚发动机

二甲醚发动机作为二甲醚汽车的核心，研究其结构改进有着重要意义。

由二甲醚与柴油等燃料的性质对照可以知道，二甲醚十六烷值高，具有很好的压燃性，是非常适合压燃式发动机使用的代用燃料。

国内外关于二甲醚作为柴油机代用燃料的研究重点集中在如何开发适合二甲醚燃料特性的发动机，实现高效清洁燃烧。丹麦技术大学、AMOCO、AVL和AIST等在柴油机上先后进行了燃用二甲醚的试验研究，结果表明，燃用二甲醚燃料的发动机，在保持原柴油机效率和动力性的前提下，NO排放显著下降，PM排放几乎为零。图5-1-14所示为日本的一款二甲醚发动机。

3. 二甲醚汽车的燃油供给系统

在20世纪90年代初提出二甲醚作为柴油的替代燃料之后，国内外首先试验研究如何改动原柴油机的供油系统，使其参数化，并验证获得的性能及排放指标。由于采用了现代的试验鉴别技术及计算机数值模拟分析方法，对二甲醚燃料的供油参数的优化及燃烧过程的分析等方面获得大量的试验研究成果。

图5-1-14 二甲醚发动机

从图5-1-15中可以明显看到，二甲醚汽车的供油系统主要由二甲醚燃料罐、油泵、压力调节器、燃油冷却器、燃油过滤器、喷油泵、截止阀和回油冷却器等管路系统组成。图5-1-15所示为一个详细的剖面图，其中关键组件是喷油泵和压力调节阀。

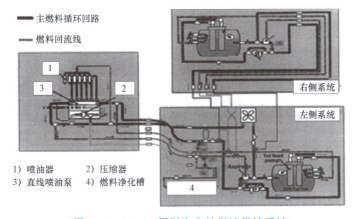

图5-1-15 二甲醚汽车的燃油供给系统

（二）二甲醚汽车的发展历程

1. 日本二甲醚汽车的应用开发

日本是当前世界上开展二甲醚应用研究最全面、最深入的国家，从21世纪初开始，日本很多机构对一系列二甲醚应用项目提供资助，主要集中在对表5-1-12所列领域的研究和开发。

表 5-1-12 日本二甲醚的研究领域

序号	研发方向
1	二甲醚与 LPG 的混合燃料
2	高效二甲醚燃烧系统
3	二甲醚公共汽车和载货汽车
4	高效微型二甲醚燃料电池
5	二甲醚锅炉与燃气轮机发电
6	二甲醚作化学染料

二甲醚汽车是日本二甲醚应用研发的重点，日本的二甲醚汽车使用纯二甲醚，将成为日本二甲醚市场上最大的消费领域。二甲醚十六烷值高，是理想的柴油替代燃料，二甲醚燃烧清洁，不会冒黑烟，经过 EGR（废气再循环系统）装置处理的排放气能满足最严格的环保法规。采用生物质合成的二甲醚大大减少了其 CO_2 排放，对防止全球气候变暖意义重大。因此，日本政府一直不遗余力地资助二甲醚汽车的研发项目，并取得了相当的进展。从 1998 年起，日本几个著名汽车制造商就已先后制造出二甲醚样车，并进行了大量的道路行驶试验，其性能指标如表 5-1-13 所示。

表 5-1-13 日本二甲醚汽车样车性能指标

制造公司	车型	发动机类型	质量/kg	载重	排量/L	年份
JFE 控股	小型货车	直列	4.315	2.0 t	4.636	1998
五十铃	中型货车	共轨	9.965	4.8 t	8.226	1998
日野	大型货车	共轨	14.734	7.8 t	7.961	2003
三菱	小型货车	分配泵式	4.436	2.0 t	4.214	2001
三菱	小型货车	分配泵式	5.045	2.3 t	4.210	2001
五十铃	中型货车	直列	7.940	3.5 t	7.166	2002
五十铃	中型货车	共轨	7.920	3.5 t	4.777	2004
尼桑	大型货车	直列	20.0	10 t	6.925	2004
尼桑	水槽车	直列	16.5	7.6 m³	6.925	2004
五十铃	厢式货车	直列	5.045	2.0 t	4.210	2005
五十铃	厢式货车	共轨	4.900	2.0 t	4.777	2005
Bosch 公司	轻型货车	直列	5.805	2.0 t	4.570	2005

经过近十年的努力,日本DME汽车的研发已经取得很大的进展,制造出了实用的DME发动机,以及适合于DME燃料的喷嘴系统,DME发动机的输出基本与普通柴油机相当。在采用EGR和氧化催化剂后,DME发动机的排放废气中的NO_x含量和颗粒物含量分别相当于日本新长期标准的1/2和1/5。从2005年起,有5种车型进入公路行驶阶段,其中,3.5 t 中型载货汽车已经投入使用约2.5年,2 t 轻型DME载货汽车已经连续行驶了32 000 km。这两种车型都没有发生过严重的故障问题。日本二甲醚轻型载货汽车如图5-1-16所示。

图5-1-16 日本二甲醚轻型载货汽车

尽管日本国内在二甲醚汽车的研发领域取得了重要进展,并处于世界领先水平,但离二甲醚汽车的实用化仍有相当长的道路要走。毕竟从二甲醚燃料的生产到二甲醚汽车的使用是一个复杂的系统工程,仍然面临许多问题:

(1)目前还未找到低成本的耐二甲醚密封垫圈材料。针对大型二甲醚载货汽车和客车的高速二甲醚加注系统还未开发出来,对EGR的过量使用将导致燃料使用效率下降,为此有必要开发低运行成本的催化剂。

(2)二甲醚的生产工艺没有得到长足的发展,生产成本依旧很高。

(3)日本政府没有发布促进二甲醚汽车发展的积极政策。日本国内的二甲醚应用研发公司及组织仍需要制定、完善有关二甲醚的各项标准,这些标准涵盖二甲醚的生产、二甲醚汽车及其零部件的制造和储运、加注设施建设等。

2. 欧美国家二甲醚汽车的应用开发

对于柴油机替代燃料,欧美国家更倾向于生物柴油。与二甲醚相比,生物柴油生产工艺简单,柴油机几乎没有改动,生物柴油是完全碳中性的,不会增加温室气体的排放。而二甲醚尽管可以由生物质制造,但工艺复杂,投资大,生产成本高,由化石原料生产则放出温室气体,而且柴油机需改造。储运、加注基础设施也要改造,涉及方方面面,很难在短时间内完成。因此,欧美国家的二甲醚应用研究进展较亚洲地区要落后一些。

美国能源部（DOE）于2000年向宾夕法尼亚大学提供资助，研究向其校车所用柴油中添加10%的二甲醚，结果表明，其综合输出功率与等量柴油相当，在全负荷时可节省8%的柴油，并且污染物排放大大改善。但实现二甲醚与柴油直接掺和的技术不过关，二甲醚还不能稳定、均匀地掺和到柴油中。

瑞典沃尔沃汽车公司研制出了二甲醚大客车样车（见图5-1-17），并进行了道路行驶与示范。世界著名的AVL公司及AMOCO公司等也对二甲醚燃料发动机特性做了系统的研究。研究表明：

（1）用二甲醚作燃料，仅需对原柴油机的燃油系统进行相应改造。

（2）在保持相同输出功率的前提下，排放的污染物特别是NO大大降低。

图5-1-17　沃尔沃二甲醚客车

在2007年4月的N290决议中，俄罗斯莫斯科市政府提出了在资金、税收、技术等方面对二甲醚汽车提供支持，鼓励企业和个人研发使用二甲醚及其他替代燃料汽车技术。俄罗斯发动机科学研究院和莫斯科政府交通运输部等共同研制了轻型冷藏厢货车。该车为二甲醚与柴油双燃料供应系统，柴油箱为60 L，二甲醚罐为210 L，可以在两种燃料间随意切换。主燃料为二甲醚，柴油备用，使用两种燃料时的发动机工况可通过调整制动位（两个位置）来提供。

3. 我国二甲醚汽车的应用开发

我国早在20世纪90年代就开始将二甲醚作为清洁替代燃料进行相关试验研究。上海交通大学、西安交通大学、天津大学、清华大学、华中科技大学及太原理工大学等院校及科研单位对二甲醚进行了很多试验研究。首先试验研究如何改动原柴油机的供油系统，使其参数化，并验证获得的性能及排放指标。由于采用了现代的试验鉴别技术及计算机模拟数值分析方法，对二甲醚燃料本质的认识、供油参数的优化及燃烧过程的分析等方面获得大量的试验研究成果及应用技术。

2005年，上海交通大学与上海汽车工业总公司、上海柴油机股份有限公司等单位合作成功开发了具有完全自主知识产权的二甲醚燃料发动机和我国第一辆以二甲醚为燃料的城市客车（见图 5-1-18）。经检测，这款二甲醚发动机整机动力性、经济性、排放和噪声均优于原柴油机。二甲醚汽车动力强劲，车内外噪声比原型车分别下降了 2.1 dB 和 4.4 dB，排放远优于欧Ⅲ排放限值。

图 5-1-18　上海市二甲醚城市客车

（三）典型二甲醚车型介绍

1. 二甲醚城市客车

1）SWB6116 型二甲醚城市客车基本参数

上海市从 20 世纪 90 年代后期开始研究二甲醚在压燃式发动机上的应用。"十五"期间，完成了具有完全自主知识产权的二甲醚城市客车的研制。在"十五"研究成果的基础上，上汽集团在 SWB6116 型城市客车的基础上，换用上海柴油机股份有限公司生产的 SC8DR250Q3 型二甲醚发动机，开发了二甲醚燃料储存及输送系统，推出了 SWB6116DME 型二甲醚城市客车（见图 5-1-19）。其公告技术参数如表 5-1-14 所示。

图 5-1-19　SWB6116DME 型二甲醚城市客车

表 5-1-14 公告技术参数

车辆名称	城市客车	车辆类别	客车
中文品牌	申沃牌	英文品牌	
公告批次/批	166	免检	是
发动机	发动机生产企业	排量/ml	8 270
SC8DR250Q3	上海柴油机股份有限公司	功率/kW	184
发动机商标		燃料种类	二甲醚
外形尺寸/（mm×mm×mm）	11 290×2 500×3 450	货厢尺寸/mm	—
总质量/kg	16 500	载质量	—
整备质量/kg	10 500，11 100	额定质量/kg	
挂车质量/kg		半挂鞍座	
轴荷/kg	5 800/10 700	轴距/mm	5 800
轴数/个	2	最高车速/（km·h^{-1}）	80
轮胎数/个	6	轮胎规格	11R22.5
前轮距/mm	2 101	后轮距/mm	1 860
转向形式	方向盘	起动方式	
底盘排放标准	GB 17691—2005 国Ⅲ，GB 3847—2005		
整车备注	可选装空调，非空调车整备质量 10 500 kg，空调车整备质量 11 100 kg		

该二甲醚城市客车所采用的二甲醚发动机排量为 8.27 L，功率为 184 kW。

2）二甲醚储存及输送系统

如图 5-1-20 所示，SWB6116DME 型二甲醚城市客车的二甲醚储存及输送系统由充装面板、汽车用液化二甲醚钢瓶、压力控制总成和管路构成。

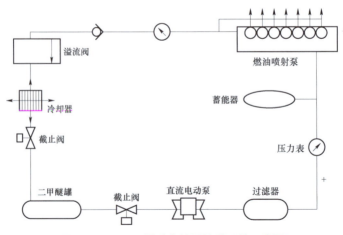

图 5-1-20 二甲醚存储及输送系统示意图

（1）汽车用液化二甲醚钢瓶及组件。

SWB6116DME 型二甲醚城市客车采用 3 只容积为 140 L 的汽车用液化二甲醚钢瓶来储存燃料二甲醚，如图 5-1-21 所示。它最大可充装燃料 336 L。汽车用液化二甲醚钢瓶是专门按二甲醚的性质设计的、储存二甲醚的压力容器。常温下，钢瓶内的二甲醚呈液态和气态，液态二甲醚在钢瓶的下部，气态二甲醚聚集在钢瓶的上部。气态部分的压力为环境温度下二甲醚的饱和蒸气压。

图 5-1-21　汽车用液化二甲醚钢瓶

汽车用液化二甲醚钢瓶由瓶体、集成阀、安全阀、液相连通截止阀组成。瓶体由钢板、法兰焊接而成。集成阀由阀体、进液阀（带单向阀）、限充阀、液位计、出液阀和气相连通阀组成。

车辆加注燃料时，在钢瓶上进液阀打开的情况下，二甲醚由进液阀进入钢瓶。为了给钢瓶内的液态二甲醚汽化留出空间，避免钢瓶内压力过大而造成事故，受浮子控制的限充装置在二甲醚充装到 80% 的容积时将通过关闭限充阀阻止燃料进入钢瓶，以保证安全。由发动机回流的燃料也通过进液阀回到钢瓶。钢瓶的液位计显示钢瓶内液面的高度。由前向后数第三个钢瓶的液面高度信号还传送到仪表台的燃油表，驾驶员可以根据燃油表的信息，及时加注燃料。液面高度信号还将传送到加注燃料的充装面板，供加注站工作人员掌握加注进度。出液阀是钢瓶输出二甲醚的出口，打开出液阀可以输出二甲醚。

（2）充装面板。

充装面板位于车辆右侧后部的厢门内。面板上装有快插式二甲醚加注口、耐振压力表、液位显示器、溢流阀和放散阀。面板上有标牌，标明部件的名称和警示语。面板上的加注口后方，装有手动截止阀。

快插式燃料加注口可与加注站的加注枪快速连接。燃料加注结束后，应关闭加注口后方的手动截止阀，以防止加注口内单向阀的密封件失效时二甲醚泄漏。溢流阀用于调节供给发动机的二甲醚压力,只有在二甲醚的供给压力稳定并高于使用环境温度下的二甲醚饱和蒸气压时,发动机方能稳定工作。耐振压力表指示的就是供给发动机的二甲醚压力,正常情况下为 1.0~1.2 MPa。放散阀用于维护管路,或必要时排出管路内的二甲醚。面板上的液位显示器通过一组发光二极管显示二甲醚瓶组中的液面高度。

(3)压力控制总成。

如上所述,二甲醚只有在一定压力下才能保持液态。如果在二甲醚的输送过程中不能维持一定的压力,二甲醚将发生汽化而使发动机不稳以至于熄火。压力控制总成(见图 5-1-22)的主要功能之一就是维持二甲醚输送管路内的压力,保证发动机的稳定运转。压力控制总成也安装在钢瓶护罩内。压力控制总成由共轨连接器、电磁阀、粗滤器、增压泵、精滤器构成,集成在安装支架上。

图 5-1-22 压力控制总成

(4)管路。

二甲醚管路包括加注管路、燃料输送管路、多余燃料的回流管路和钢瓶组气、液相连通管路。除与发动机喷油泵连接的两段管路、喷油器回流的一段管路是柔性管路外,其余所有管路均为由不锈钢无缝钢管制造的刚性管路。管路之间、管路与部件之间采用卡套式接头。二甲醚进料泵系统如图 5-1-23 所示。

图 5-1-23 二甲醚进料泵系统

为了及时发现燃料系统的泄漏,车辆在钢瓶组、操控面板、压力控制总成、发动机喷油泵附近分别安装了 4 个泄漏传感器,当传感器周围的二甲醚浓度超过 1.2% 时,仪表台上的泄漏报警仪将发出声光报警信号。光信号还将指示报警传感器的安装部位。

2. 二甲醚轻型载货汽车

1）Isuzu DME 轻型客车基本参数

日本 Isuzu 先进工程中心将轻型卡车的柴油机改用 DME 进行行驶试验，得到良好的试验结果。图 5-1-24 所示为试验车型的照片。

图 5-1-24　Isuzu DME 轻型客车

原车为日本五十铃 ELF，这是为了适应日本的新长期规定的要求。它是一辆小型载货汽车，有效载荷是 2 t。在相关法律法规之内对其进行改造，已安装的发动机是自然吸气四缸发动机，排量为 4.8 L。

2）Isuzu DME 轻型客车供油系统

Isuzu DME 发动机采用共轨式供油系统，这是为了使喷射过程比较稳定，且因为 DME 沸点较低，蒸发雾化快，不需要采用高的喷射压力，仅为 15 MPa。该 DME 轻型客车的供油系统如图 5-1-25 所示，分为两大部分，一部分安装在底盘上，另一部分安装在发动机的喷射系统中，包括两个低压输油泵、三个燃油冷却器及高压供油泵，系统较复杂。

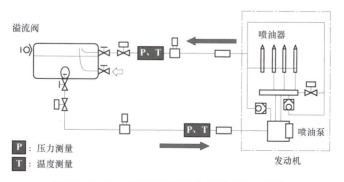

图 5-1-25　DME 轻型客车供油系统示意图

针对 DME 燃料的特点，此处喷油器（见图 5-1-26）的针阀直接由其中的电磁阀驱动，针阀较短，以减小其质量。喷嘴为 5 孔，孔径为 0.35 mm。

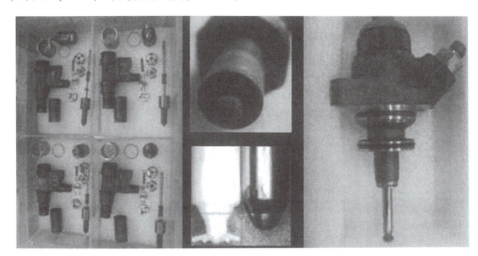

图 5-1-26　二甲醚发动机喷油器

经过一系列道路试验，该款 DME 轻型客车得到了很好的试验成果。在同样比能耗情况下，DME 的 CO_2 排放比柴油机低。按日本 13 工况法则的排放测试结果如表 5-1-15 所示。从表中可以看到，采用 DME 做燃料，CO 降低了 95%，HC 降低了 74%，NO_x 下降了 27%，颗粒物（PM）减少了 94%。

表 5-1-15　按日本 13 工况法台架试验结果

项目	CO	HC	NO_x	PM
日本 2003 标准	2.22	0.87	3.38	0.18
柴油	3.17	0.89	4.26	0.17
DME	0.117	0.222	2.479	0.010 2

二、拓展训练

（一）选择题

1. 下列哪一项不属于代用燃料汽车？（　　）
　　A. 柴油动力汽车　　　　　　　　　B. 天然气汽车
　　C. 甲醇燃料汽车　　　　　　　　　D. 二甲醚汽车
2. 常温常压下，下列哪一项不属于气体燃料？（　　）
　　A. 甲醇　　　　B. 天然气　　　　C. 二甲醚　　　　D. 液化石油气
3. 下列哪一项不属于天然气汽车的缺点？（　　）
　　A. 行驶距离短　　　　　　　　　　B. 车辆质量增加

C. 有一定的爆炸风险　　　　　　　　D. 输出功率略有提高

4. 下列哪一项不属于醇类燃料的特点？（　　）
   A. 常温下为液体　　　　　　　　　B. 热值高
   C. 可燃界限宽　　　　　　　　　　D. 辛烷值比汽油高

5. 乙醇的沸点大概是多少？（　　）
   A. 78.4 ℃左右　　B. 88.4 ℃左右　　C. 92 ℃左右　　D. 100 ℃左右

6. 下列哪些选项不属于二甲醚的特点？（　　）
   A. 热值比柴油低　　　　　　　　　B. 二甲醚黏度低
   C. 自然温度远低于柴油　　　　　　D. 十六烷值高

7. 二甲醚的生产方法有哪些？（　　）
   A. 合成气一步法　　　　　　　　　B. 甲醇两步法
   C. 石油蒸馏法　　　　　　　　　　D. 液化气合成法

8. 下列哪几项属于我国未来代用燃料汽车发展方向？（　　）
   A. 醇类燃料汽车　　　　　　　　　B. 氢燃料汽车
   C. 二甲醚汽车　　　　　　　　　　D. 天然气汽车

9. 就环保而言，下列哪种燃料最适宜作为汽车代用燃料？（　　）
   A. 醇类　　　　B. 二甲醚　　　　C. 天然气　　　　D. 氢气

10. 下列哪一项能源的燃烧热值最高？（　　）
    A. 92号汽油　　B. 乙醇　　　　C. 甲醇　　　　D. 天然气

（二）判断题

1. 我国天然气探明储量约占全世界的23%，居世界第二位。（　　）
2. 天然气可分为常规天然气、非常规天然气和合成天然气。（　　）
3. 甲醇是一种无色、透明、易燃、易挥发的有毒液体，略有酒精气味，可混合溶于水、醇、醚等多种有机溶剂。（　　）
4. E85乙醇汽油燃料，是按汽油15%和生物乙醇燃料85%的比例混合而成的。（　　）
5. 1923—1925年巴西在点燃式发动机上使用了纯乙醇E100（即100%乙醇）。（　　）
6. 二甲醚，简称DME，在常温常压下是一种无色气体，具有轻微醚香味。（　　）

（三）简述题

1. 我国为什么要发展新能源汽车？
2. 代用燃料的基本要求有哪些？
3. 天然气作为汽车代用燃料，具有哪些特点？

任务 5-2　分析太阳能汽车

任务引入

太阳能汽车利用太阳能作为动力，不会污染环境，相比传统热机驱动的汽车，太阳能汽车是真正的零排放。而且太阳能也是"取之不尽，用之不竭"的清洁能源，因此太阳能汽车的研究开发长期以来一直受到普遍关注，太阳能汽车被诸多国家提倡，太阳能汽车产业的发展也日益蓬勃。但太阳能汽车还没有实用化，主要原因是成本过高，行驶里程不长。太阳能汽车与传统汽车的区别在哪？本任务就是学习太阳能汽车的结构和工作原理。

任务描述

汽车工业面临的最大挑战就是能源的消耗及尾气排放对环境所造成的污染。目前虽然电动汽车及混合动力汽车已开发出来并陆续上市，但大部分汽车都在使用汽油、柴油作为燃料，在相当长的一段时间内石油仍将是汽车的首选燃料。汽车所造成的空气污染占整个城市空气污染的 60%，甚至到 90%。所以说，从世界汽车发展来看，太阳能汽车将成为未来汽车行业的发展潮流。请你从专业的角度对太阳能汽车进行分析，并制定一个对比分析表，形成一个分析报告（或制作分析报表），截图后上传到学习平台，并在学习小组或班上进行简短汇报。

学习目标

- 专业能力
1. 能够掌握太阳能的特点。
2. 能够掌握太阳能汽车的特点及结构组成。
3. 能够掌握太阳能汽车的发展现状及发展趋势。
- 社会能力
1. 树立能源安全和节能环保意识。

2. 强化汇报沟通的能力。
3. 加强小组协同学习的能力。

● **方法能力**

1. 通过查询资料完成学习任务，提高资源搜集的能力。
2. 通过制作报表，提升分析报表制作的能力。
3. 通过完成学习任务，提高解决实际问题的能力。

一、太阳能简介

（一）系统结构

1. 优点

（1）能量巨大，每天到达地球表面的辐射能量大约相当于 2.5 亿万桶石油。
（2）可以再生，太阳能每天源源不断地照射到地球表面。
（3）清洁能源，在环境污染越来越严重的今天，太阳能对环境是友好的。
（4）范围广大，只要有日照的地方就有太阳能，不需要矿物燃料所需的运输费用。

2. 缺点

（1）低密度、间歇性问题，需要提高太阳能的收集效率与集光比。
（2）对应用装置的问题，需要降低应用装置的成本与提高其使用寿命。
（3）能量储存的问题，需要解决如何在低成本下高效地储存能量的问题。

太阳能的应用具体有三种转换形式，分别为光热转换、光电转换和光化学转换。目前光热转换所用的平板集热器效率已经很高，再提高其收集效率的潜力已经不是很大，但是如果从降低成本和延长使用寿命方面入手，还是有较大提升空间的。当前光电转换的效率还比较低，因此如果能够提高光电转换的效率和降低光电转换器的成本，那么这种利用太阳能的方法将很有前途。

二、太阳能汽车简介

（一）太阳能汽车的基本原理

图 5-2-1 所示为能量在太阳能汽车中的传递过程。由太阳能电池方阵接收来自太阳的光照，并将其转化为电能。电能通过控制器一方面可以传输到蓄电池组进行能量存储，另一方面也可以直接驱动电动机及其驱动器来使车辆行驶。

太阳能汽车概述

在太阳能汽车行驶过程中，由太阳能转换的电能直接输送到电动机驱动器的同时，如果还有更多剩余的能量，则通过控制器储存到蓄电池组中，供以后使用。相反，当太阳能转换的能量不足以驱动电动机来满足车辆行驶功率要求时，蓄电池中所储存的能量就补充

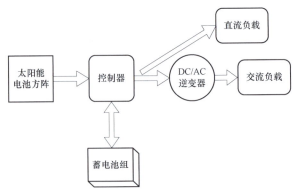

图 5-2-1 太阳能汽车基本原理

太阳能来驱动电动机。另外,在太阳能汽车制动减速时,可以使用传统的机械装置进行制动,同时也可以利用电动机来进行制动。只不过这时的电动机将变为发电机,制动能量通过电动机控制器储存于蓄电池中,达到制动能量回收的效果。在太阳能汽车停车时,由太阳能转换来的能量将全部用于蓄电池充电,储存起来。

(二)太阳能汽车的电路系统

太阳能汽车的电路系统主要由蓄电池和动力电子两部分组成。动力电子部分通过控制能量的输入和输出,实现时太阳能汽车中能量流的管理。蓄电池用于储存来自太阳能转换的电能,当车辆行驶时蓄电池的能量用于驱动电动机输出功率,当车辆制动时蓄电池可以接收发电机产生的能量。目前一般使用的蓄电池类型如表 5-2-1 所示。

表 5-2-1 蓄电池类型

序号	中文名称	英文名称
1	铅酸电池	Kad – Acid
2	镍氢电池	Nickel – Metal Hydrid (NiMH)
3	镍镉电池	Nickel – Cadmium (NiCad)
4	锂离子电池	Lithium Ion
5	锂聚合物电池	Lithium Polymer

一般镍氢电池、镍镉电池和锂离子电池能够提供的功率质量比率高于普通的铅酸电池,但是它们的使用和维护成本较高。根据不同电力系统的要求,电池组的使用电压大多数在 84~108 V。而整个电池组是通过导线连接每个电池模块构成的。

动力电子(见图 5-2-2)是一辆太阳能汽车里最复杂的零部件,其包括峰值功率追踪器、电动机控制器和数据采集系统。动力电子的主要功能为监控系统与控制电机。峰值功率追踪器决定了太阳能电池板输送给蓄电池(见图 5-2-3)或者驱动电动机的最大功率,即当太阳能电池板给蓄电池充电时,峰值功率追踪器可以保护蓄电池防止过充过载而损坏;当驱动电动机行驶车辆时,峰值功率追踪器可以限制其最大功率。

图 5-2-2 太阳能车动力电子

图 5-2-3 蓄电池

（三）太阳能汽车的车身和底盘

如图 5-2-4 所示，太阳能汽车的车身部分往往是最特别的。由于没有成熟的标准和规定，每一辆太阳能汽车奇特的形状很能吸引人的眼球。但是在设计车身时仍然具有几个明确的目标：一是使空气动力学的阻力减小到最小，从而减小车辆的行驶阻力；二是使对太阳能吸收的面积最大化，尽可能转换更多的太阳能量；三是使车身质量最小化和安全最大化。因此，在太阳能汽车车身的设计过程中，需要通过大量的模拟和测试来达到最佳的形状效果。最优化的车身形状对减小太阳能汽车的动力需求能够起到很好的效果。

太阳能汽车的底盘设计过程，主要目标是可靠的安全性和质量的轻量化。由于在车辆行驶时，更大的质量意味着需要消耗更多的能量，因此需要尽可能把底盘的质量减到最小。但是，底盘轻量化的过程必须在满足安全性的前提下，也就是必须严格满足受力的要求。

（四）太阳能电池板阵列

太阳能电池板阵列（见图 5-2-5）用于吸收太阳光能量并且转换成电能，因此它是车辆行驶过程中的唯一能量来源。太阳能电池板阵列由许多小的太阳能电池通过阵列组合而成。由于不同太阳能汽车的尺寸、形状不同，所采用的电池阵列的类型和尺寸也不同。通过导线连接每个电池形成线，再由线组合形成小组。太阳能电池较为脆弱，很容易被损坏，一般采用密封保护措施使电池免受其他破坏。

图 5-2-4 太阳能汽车车身

图 5-2-5 太阳能电池板阵列

太阳能电池是利用半导体的光生电效应来发挥作用的。可以用来做太阳能电池的材料很多,因此太阳能电池的种类也很多。表5-2-2所示为太阳能电池的种类和各种材料。

表5-2-2 太阳能电池的种类和各种材料

太阳能电池的种类		半导体材料	
硅太阳能电池	结晶态	单晶硅	多晶硅
	非结晶态	a-Si a-SiC a-SiGe	a-SiN a-SiSN
化合物半导体 太阳能电池	Ⅲ-Ⅴ族	CaAa InP	AlGaAs
	Ⅲ-Ⅵ族	CdS Cu_2S	CdTe
	其他	$CuInSe_2$	$CuInSe_2$
湿式太阳能电池		TiO_2 InP	CaAs Si
有机半导体太阳能电池			酞菁 羟基角鲨烯 聚乙炔

一般需要太阳能电池具有以下特性:

(1)转换效率高。

(2)制造能耗少。

(3)制造成本低。

(4)原材料丰富。

(5)使用寿命长。

(6)无公害。

目前以硅材料为基础的单晶硅和多晶硅太阳能电池较多。单晶硅太阳能电池具有以下特点:

(1)单晶硅作为原材料,在地壳中含量丰富,对环境基本上没有影响。

(2)单晶制备以及PN结的制备都有成熟的集成电路工艺作保证。

(3)硅的密度低、材料轻。即使是50μm以下厚度的薄板也有很好的强度。

(4)与多晶硅、非晶硅比较,转换效率高。

(5)电池工作稳定,可以保证20年的使用寿命。

单晶硅太阳能电池的缺点在于,制造过程的工艺复杂,制造成本较高。为解决单晶硅太阳能电池的缺点,用浇铸法或者晶带法制造的多晶硅太阳能电池得到发展,并且在太阳能电池中逐渐被大量使用。但是其缺点在于转换效率较单晶硅太阳能电池要低。

(五)太阳能汽车的驱动

与传统汽车的驱动和传动系统相比,太阳能汽车的驱动和传动系统有很大差异。一般来说，太阳能汽车由电动机通过动力传动零部件驱动车轮。由于太阳能汽车本身质量较小，行驶时所需要的动力比传统汽车要小，因此通常只用一个电动机来驱动车辆的一个轮子。

在电动机的选择方面，太阳能汽车使用的类型较多，没有什么限制。功率一般较小，在 1.5～4.0 kW。由于无刷直流电动机（见图 5-2-6）具有轻便、效率高（在额定转速下能够达到 98%）等优点，目前太阳能汽车上大多采用无刷直流电动机。然而，无刷直流电动机在材料、制造、控制方面难度更大，要求技术更高，因此其价格比普通有刷直流电动机要高出许多。

（六）太阳能汽车的优势

（1）太阳能汽车（见图 5-2-7）把光能转换为电能驱动车辆，替代了传统车辆对石油能源的利用，因此可以节约有限的石油资源。白天有太阳光时，太阳能电池把光能转换为电能储存到蓄电池中；晚上没有太阳光时，可以利用现有市电（220 V）直接对蓄电池充电。

图 5-2-6　无刷直流电动机

图 5-2-7　太阳能汽车

（2）无污染，无噪声。由于太阳能汽车没有传统车辆的内燃机，在行驶过程中就不会听到由内燃机工作而产生的轰鸣声。而没有内燃机也就不使用燃油，从而也就不会产生各种有害和污染气体排放到空气中去。

（3）耗能少。传统汽车利用燃油能量转换为机械能驱动车辆行驶过程中，需要遵守卡诺循环，而卡诺循环的转换效率比较低，只有 1/3 左右的能量用于驱动车辆，其余 2/3 的能量都消耗在发动机热耗散和传动链阻力上。但是，太阳能汽车利用光能转换为电能直接驱动车辆行驶，不需要进行卡诺循环，能量的转换效率要高很多。因此，一般一辆太阳能汽车只需要 3～4 m 的太阳能电池板就能驱动车辆行驶。

（4）易于驾驶和维护。太阳能汽车利用控制器控制电动机转速来改变车辆加速和减速，驾驶员只需踩动加速踏板就行，而且不需要换挡、踩离合器等步骤，大大简化了车辆的操纵，有利于驾驶员行车安全。由于太阳能汽车结构简单，在日常维护中，除了需要定期更换蓄电池外，不需要像传统汽车那样更换机油、添加冷却液等。而且一般太阳能汽车整车尺寸较小，更加容易停车和转向。

（5）太阳能汽车由于没有内燃机、离合器、变速器、传动轴、散热器、排气管等零部件，结构简单，制造难度降低。

三、太阳能汽车的发展历程

（一）国外太阳能汽车的发展

从20世纪70年代后半期到80年代前半期，太阳能汽车在实验室诞生。1984年，世界首届电动汽车与太阳能汽车比赛在瑞士举行，成为太阳能汽车赛事的始创者。世界太阳能汽车挑战赛是至今影响较大的太阳能汽车赛事之一。其规则最严格、距离最长。它始于1987年，每隔3年举办一次，赛段从达尔文（澳大利亚北部城市）到阿德莱德（澳大利亚南部城市），全程3 028 km。在20世纪90年代初，诸如"太阳能旅行"等赛事也逐步在美国发展起来。日本的太阳能汽车赛事起步较晚，但后来居上，层出不穷，如1989年的"朝日太阳能车拉力赛"，1991年的"北海道太阳能车赛"，1992年的"铃鹿太阳能车赛"和"能登太阳能车拉力赛"等，都在世界范围内产生了一定的影响。针对各类太阳能车赛，国际上有一定的规范和标准，对参赛车的定义、装备、电器、安全性等都有严格的规定，如太阳能电池的类型、覆盖面积、蓄电池容量、辅助能源、车身尺寸、驱动器、驱动型式、制动性能、赛事时段等。各类太阳能汽车如图5-2-8～图5-2-11所示。

太阳能汽车的发展历程

图5-2-8　2011年澳大利亚挑战赛的最快跑车：美国斯坦福大学的"Xenith"车

图5-2-9　美国密歇根大学太阳能汽车团队制造的"量子号"

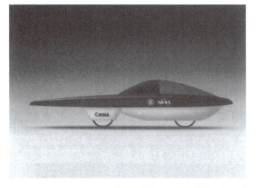

图5-2-10　1991年北海道太阳能车赛参赛车

图5-2-11　密歇根州立大学设计的太阳能汽车

目前在各类太阳能汽车赛事中,众多汽车研发公司、科研院所和一些著名大学是参赛队伍的主力。比赛的赛道一般直接利用现有的公路(如澳大利亚太阳能汽车挑战赛),而不采用专门的汽车赛道。在太阳能电池的选择方面,几乎都采用晶体硅,尤其是单晶硅为主的太阳能电池。根据不同单位和参赛队伍的资金实力,所体现的太阳能汽车的技术水平也有所不同。例如在太阳能电池的转换效率方面,学生参赛队伍的效率一般在 12%～18%,而企业参赛队伍则在 19%～23%。有技术和资金实力较强的队伍,都大量采用峰值功率追踪器。这也为太阳能汽车的发展,尤其是新技术的研发和应用提供了一个良好的平台。

(二)我国太阳能汽车的发展

我国太阳能汽车起步较晚,技术水平还处于较初级阶段,与国外相比有一定的差距。在参与太阳能汽车的研制单位中,主要有科研院所和高校。而国内对于太阳能技术的利用,主要体现在太阳能热利用与太阳能发电等领域,与汽车直接相关的不是很多。而且对于在汽车领域的应用,有相当一部分是利用太阳能的能量提供车辆的电器、仪表等车载附件电能,另一部分是将太阳能作为汽车驱动能源的一小部分,其特点是由太阳能提供的能量只占到所需总驱动能量的 30%以下。

1996 年,清华大学参照日本能登竞赛规范,研制了"追日"号太阳能汽车,如图 5-2-12 所示。该车使用转换效率为 14%的矩形单晶硅电池阵列,在光照条件良好的状况下(地面日照强度为 1 000 W/m^2),向直流永磁无刷电动机提供 800 W 的动力。结构上采用前二后一的三轮式布置,后轮驱动。最高车速达 80 km/h。"追日"号是我国第一代参加国际大赛的太阳能赛车。

2001 年,上海交通大学设计制造了"思源"号太阳能汽车,如图 5-2-13 所示。该车长、宽、高分别为 2 100 mm、860 mm、800 mm,满载质量为 400 kg。其结构、动力系统与"追日"号相仿。但由于使用的是串联电阻的调速方式,其能量利用率低,车速仅 20～36 km/h,续航能力也有限。在 2005 年举办的第九届全国大学生"挑战杯"赛上,上海交通大学的又一太阳能车参加了比赛,并取得了较好成绩。

图 5-2-12 清华大学研制的太阳能汽车

图 5-2-13 上海交通大学制造的太阳能汽车

四、典型车型介绍

（一）日本东海大学 Tokai Challenger

日本东海大学 2009 年 11 月 4 日宣布，该校获得了 10 月 25 日于澳大利亚开幕的全球第一大绿色汽车挑战赛 "Global Green Challenge" 太阳能汽车部门的总冠军。

该挑战赛始于达尔文，止于阿德莱德，贯穿澳大利亚南北，全长约 3 000 km，最先抵达的队伍获胜。东海大学队的参赛车辆 "Tokai Challenger"（见图 5-2-14）虽然在 "Challenge Class" 预赛仅位列第四，但经过四天的行驶最先抵达阿德莱德。行驶时间为 29 小时 49 分钟，平均速度为 100.54 km/h。曾经的四连冠——荷兰努昂太阳能车队（Nuon Solar Team）的 "Nuna V" 以 32 小时 38 分钟位列第二，美国密歇根大学太阳能车队（University Michigan Solar Team，UM solar）的 "Infinium" 以 33 小时 8 分钟名列第三。

图 5-2-14　Tokai Challenger

关于取胜因素，东海大学工学部电气电子工学系教授木村英树表示："除了配备夏普提供的顶级功率太阳能电池、参赛车辆中最轻的 CFRP 车体、高效率驱动系统外，挑战赛行驶时基本没出现故障也是因素之一。"

此次使用的太阳能电池为宇航用，模块转换效率高达 30%，面积为 6 m²，功率约为 1.8 kW，由于发动机没有功率限制，因此，太阳能电池功率越大越利于使用高功率发动机。此次使用的发动机是三叶、日本 Chemi-Con、捷太格特合作开发的 DC 无刷型轮内发动机。其特点在于使用无减速机构的直接驱动，通过使用非晶电磁钢板减少了铁损，大范围提高了效率，额定功率约为 2 kW，最高效率为 97%，最高转速约为 1 300 r/min。

太阳能汽车需要在行驶前后为锂离子电池充电，早晚同时使用太阳能电池和充电电池的电力行驶，白天在行驶中为充电电池充电。充电电池为松下产品，容量为 5.6 kW·h（25 kg）。电池充满大约需要 3 h，以 100 km/h 的速度可以行驶 300 km 左右。

Tokai Challenger 是前 2 轮、后 1 轮的三轮车，利用后轮驱动。前轮配备有转向机构，由于转弯时需要缩小前轮转角减少行驶阻力，因此后轮同样配备了转向机构。

车体由 GHCraft 提供的 CFRP（碳纤维强化树脂）制造，质量为 160 kg。为了消除各车驾驶员的体重差，当驾驶员体重较轻时需要添加重物使总量达到 80 kg。轮胎为法国米其林（Michelin）生产的 16 in 产品，与其组合使用的是 GH Craft 生产的 CFRP 车轮。

（二）密歇根大学的量子号

密歇根大学太阳能车队是一个学生运营的组织，专注于设计和建造太阳能电动汽车。在世界太阳能挑战赛中，该团队已四次获得第三名。自 1990 年建立开始，团队已经制造 11 辆汽车，并且已经连续赢得三届北美太阳能挑战赛，成为长期冠军团队并被广泛地认可为北美最成功的团队。

"量子号"（见图 5-2-15）是密歇根大学太阳能车队的第 11 辆车。在没有驾驶员的情况下，汽车的质量仅为约 150 kg，比之前一辆车要轻 90 kg。"量子号"也更符合空气动力学，是团队所拥有的最好的太阳能汽车。

图 5-2-15 "量子号"太阳能汽车

1—轻型碳纤维车身；2—太阳能板；3—低滚阻轮胎；4—前轮转向；5—后轮电机

表 5-2-3 所示为 UM solar 的"量子号"的主要技术参数。

表 5-2-3 量子号太阳能汽车主要技术参数

指标	参数
质量	145 kg（320 lb）
电池	锂离子
太阳能电池	硅电池
轮胎	米其林，低滚动阻力轮胎
CDA	<0.1
预期最高速度	105 km/h
额定输出功率	<2 ps
最大输出功率	12.3 ps
燃料类型	太阳能
底盘和车身	单体碳纤维
电动机	无刷直流电机（效率接近 98%）

五、总结与展望

到目前为止，世界各大汽车制造商和科研院所都积极投入了有关太阳能汽车技术的研究与开发工作中，但是还处于概念性研究阶段，离市场化还有很长一段距离。不过，太阳能汽车作为未来汽车技术中一个重要的方向已经显而易见。太阳能汽车在产业化路程上关联到多方面的问题。

总的来说，这些问题可分为人、汽车（机）、社会（自然环境和社会环境）三个方面，这就要求我们要以人–机–环境的系统理论促进太阳能在汽车上的应用。人–机–环境系统工程理论，以人、机、环境为研究对象，研究人、机、环境三大要素及其相互关系，以使整个系统具有"安全、高效、经济、舒适、节能"等最佳综合效能。

（一）给出明确的政策导向

在发展太阳能应用的整体环境中，政府起着极为重要的作用，应给出明确的政策导向。首先要在政策上加以扶持；其次，要给科研机构和推广、使用者一定的经济补偿；最后，在思想意识上应起到倡导、教育的作用。

（二）以人为本，优化人–机–环境关系

人是机器的创造者，机器不论精密和复杂到什么程度，仍只是服务于人的工具。随着社会的进步和发展，人们将越来越重视人的价值，利用太阳能技术使汽车达到节能、环保的目的，从而从整体上改善人们的居住、生活环境。因此，从总体上说，发展太阳能在汽车上的应用，对人和环境都是非常友好的。

（三）全面推进太阳能在车辆、交通服务领域的应用

太阳能在汽车上的应用不应仅仅局限于汽车本身，从人–机–环境系统充分利用太阳能资源角度考虑，相关的交通指挥系统、道路指示系统以及道路照明系统等领域，都可以大量采用现有的太阳能技术，从而减少化石能源的消耗。

此外还可以建立太阳能充电站为车辆充电服务。例如一块 30 ㎡ 的光伏板，发出的电可以为电动汽车充电，有太阳的时候把车停在那里，直接充电；或者电动汽车备有两套电池，一套使用，另一套电池在充电站充电，就像给汽车加油的加油站。

扫描下方"测验二维码"进入资源库平台的在线测验页面。

在线测验

小组成员共同完成该任务，并按任务要求上传至资源库平台（或空间）。

成果提交

一、拓展任务

（一）太阳能汽车的发展现状及面临问题

太阳能汽车是随着太阳能电池技术的发展而产生的。1978年英国成功研制出世界上第一辆太阳能汽车，时速达到13 km/h。我国在太阳能汽车的研发起步于20世纪80年代。1984年9月，我国首次研制的"太阳号"太阳能汽车试验成功，并开进了北京中南海。1996年，清华大学研制了"追日号"太阳能汽车，重800 kg左右，最高车速达80 km/h，造价为7.8万美元。2001年，全国高校首辆载人太阳能汽车"思源号"在上海交通大学诞生。它完全依靠太阳能，只要在阳光下晒三四个小时，便能轻松跑上10多公里，但车速及能量利用率都较低。2006年，我国首辆太阳能轿车在南京亮相，这辆可以直接切换能源方式的太阳能汽车行驶速度最高可达88 km/h。如果加上蓄电池的电能，这辆车晚上能跑220 km，白天可跑290 km。目前研发的太阳能汽车主要用于实验或竞赛，实用型的太阳能汽车还比较少。制约太阳能汽车发展的主要因素是太阳能电池的转换效率低，应用于太阳能汽车的光电技术、车身轻量化技术、控制技术都还不够成熟，而且开发成本比较高。

1. 太阳能汽车的优越性

（1）太阳不断向宇宙空间辐射出巨大的能量，其内部的热核反应足以维持6×10^{10}年。从资源角度看，我国拥有丰富的太阳能资源，我国陆地面积接收的太阳能的总量在$3.3\times10^{10}\sim 8.6\times10^{10}$ kJ/（m²·年），其总量相当于24 000亿t煤，全国总面积2/3地区的日照时间都超过2 000 h/年。太阳辐射到地球大气层的能量约3.75×10^{26} W，每秒的辐射量相当于500万t煤。即使把地球表面0.1%的太阳能转为电能，转化率为5%，那么每年发电量也可达5.6×10^{12} kW·h，相当于目前全世界能耗的40倍。可见，太阳能是一个极其巨大的、不可取代的能源，所以把太阳能运用到汽车上具有十分广阔的前景。太阳能具有清洁无污染，取之不竭、用之不尽等特点，因此，在所有新兴的能源中，太阳能具有十分高的利用价值。

（2）太阳能汽车无污染，无噪声。因为不用燃油，太阳能电动车不会排放污染大气的有害气体；没有内燃机，太阳能汽车在行驶时听不到燃油汽车内燃机的轰鸣声。如果由太阳能汽车取代燃气车辆，每辆汽车的二氧化碳排放量可减少 43%～54%，同时也将解决汽车尾气对环境的污染问题。正常情况下，一台石油发动机的能源利用率约为 25%，利用率最高的也只是在 50%～60%，而太阳能汽车的能源利用率却能达到 95%。因此，太阳能汽车已引起人们的极大兴趣，并将在今后得到迅速发展。

（3）太阳能汽车耗能少，只需采用 3～4 m^2 的太阳电池组件便可使太阳能汽车行驶起来。燃油汽车在能量转换过程中要遵守卡诺循环的规律来做功，热效率比较低，只有 1/3 左右的能量消耗在推动车辆前进上，其余 2/3 左右的能量损失在发动机和驱动链上；而太阳能汽车的热量转换不受卡诺循环规律的限制，90%的能量用于推动车辆前进。

（4）易于驾驶。无须电子点火，只需踩踏加速踏板便可起动，利用控制器使车速变化。无须换挡、踩离合器，简化了驾驶的复杂性，避免了因操作失误而造成的事故隐患，特别适合妇女和老年人驾驶。

（5）太阳能汽车结构简单，除了定期更换蓄电池以外，基本上不需要日常保养，省去了传统汽车必须经常更换机油、添加冷却水等定期保养的烦恼。

（6）在都市行车，为了等候交通信号灯，必须不断地停车和起动，既造成了大量的能源浪费，又加重了空气污染，使用太阳能汽车，减速停车时，可以不让电动机空转，这就大大提高了能源利用效率和减少了空气污染。

（二）发展太阳能汽车面临的问题

太阳能汽车真正走进大众生活，还有很多难题需要解决：

（1）太阳能的采集与转换问题。根据一般的材料应用与技术能力，太阳能转换率只能达到 20%左右，难以满足汽车高速行驶所需要的足够动力，而 7～8 m^2 的太阳能电池板也导致车身过大转动不够灵活，内部空间过于狭小。除此之外，电机、电控也是太阳能汽车发展的关键技术。用于电动汽车的电机有很多类型，目前太阳能车用电机通常有直流电机、交流诱导电机、永磁同步电机三种，其中交流诱导电机存在效率滑落的缺点，永磁同步电机价格过高，所以目前太阳能汽车多用直流电机，而直流电机的工作效率也有待提高。

（2）造价太高。为了使车体轻、速度快，太阳能汽车普遍采用质轻价贵的航空、航天材料，造价昂贵，所以开发新的、经济的替代材料迫在眉睫。参加 2002 年太阳能电动车友谊赛的几辆车中，清华大学制作的"追日号"太阳能汽车造价 200 万元人民币，美国密苏里大学的 Solar MinerⅢ、美国普林学院的"Ra Ⅳ"都是在 40 万美元以上，这主要是由所采用的电池板及所用材料昂贵造成的。以清华大学的"追日号"为例，其采用的电池板是我国第五代产品，太阳能转化率只能达到 14%，造价很高，为得到 1 W 的电量需要花费 100 元人民币。

（3）汽车公司及石油公司缺少生产推广太阳能汽车的内在需求。目前的许多汽车公司都处于高利润期，不愿意投资开发新一代太阳能汽车。某些公司研发太阳能汽车也多是出于宣传导向和企业形象的考虑，而没有大力发展、投入市场的决心。

到目前为止，太阳能在汽车上的应用技术主要有两个方面：一是作为驱动力，二是作为汽车设备辅助能源。作为驱动力这一应用方式，一般采用特殊装置吸收太阳能，再转化为电能驱动汽车运行。而作为汽车设备辅助能源，主要是在电气设备上的辅助应用，大部分还是靠燃料的供给。

据专家预测，要突破科技瓶颈，使太阳能汽车正式走入人们的生活，还需要数十年的时间。但是，太阳能汽车是最清洁、最有发展前景的绿色环保汽车，所以，它的推广还是非常有前景的。

二、拓展训练

（一）选择题

1. 下列哪些选项内容属于太阳能的优点？（　　）
   A. 能力巨大　　B. 可以再生　　C. 范围广大　　D. 清洁能源
2. 下列哪些选项内容属于太阳能汽车的电力系统？（　　）
   A. 蓄电池　　　　　　　　B. 动力电子
   C. 照明系统　　　　　　　D. 驱动电机
3. 下列哪些选项用来储存来自太阳能转换的电能？（　　）
   A. 蓄电池　　B. 动力电子　　C. 驱动电机　　D. 电容
4. 下列哪一项不是太阳能汽车电池的特点？（　　）
   A. 原材料丰富　　　　　　B. 使用寿命短
   C. 制造能耗少　　　　　　D. 转换效率高
5. 太阳能汽车起源于哪个时间段？（　　）
   A. 20世纪50—60年代　　　B. 20世纪60—70年代
   C. 20世纪70—80年代　　　D. 20世纪80—90年代
6. 下列哪些不属于制约太阳能汽车发展的原因？（　　）
   A. 太阳能的采集与转换问题　　B. 环保问题
   C. 制造成本
7. 下列哪些太阳能汽车不是由我国研发的？（　　）
   A. "思源号"　　B. "追日号"　　C. "量子号"
8. 我国研发的首辆太阳能汽车是（　　）。
   A. "思源号"　　　　　　　B. "追日号"
   C. "量子号"　　　　　　　D. "火星号"

（二）判断题

1. 太阳能汽车动力电子部分通过控制能量的输入和输出，达到太阳能汽车中能量流的管理。（　　）
2. 太阳能汽车是真正意义上的清洁能源汽车，能实现汽车零排放，无污染，无噪声。

(   )
3. 只要有太阳的地方，太阳能汽车就能正常使用。(   )
4. 相较于其他日照强度大、日照时间长的国家，我国发展太阳能汽车的优势并不大。
(   )
5. 太阳能汽车用的电池主要是锂电池。(   )

（三）简述题

1. 我国为什么要发展太阳能汽车？
2. 简述太阳能汽车的结构组成。
3. 太阳能汽车的发展面临哪些问题？